南懷瑾文化

中醫醫理與道家易經

南懷瑾◎講述

出版説明

這本書是南師懷瑾先生應台灣光華針灸醫院朱院長之請，所作的講課記錄。第一講開始，發表於一九七二年一月的人文世界月刊，連續每月發表一講。

中國五千年的歷史文化，淵源流長，其中有關醫藥部分，歷經千多年的應用和發展，十分複雜。一般皆知，中醫與道家、《易經》亦息息相關，但究竟如何，並不十分清楚。

為此之故，朱院長特請南師公開講演，以解眾惑，並使年輕中醫學子，能有正確的認識與瞭解。

南師所講內容，主要是與中醫藥方面的人士，探討諸多值得思考與發展的問題。

例如所謂陰陽、五行干支、八卦等，本是後人套加在中醫學之上的（原始中醫學本來沒有），所以在觀念和理論上，只是保持著一種說法。但是，如果在實際應用方面，用這些原理，反而成為一種束縛或局限。

孔子在〈說卦傳〉中說：「立天之道曰陰與陽，立地之道曰柔與剛，立人之道曰仁與義」，所以剛柔、仁義、以及動靜，都是陰陽之意，如只用陰陽，不免狹窄，不如丟掉陰陽這些包袱，用具體易了解的方式說明，則更能發揮中醫藥的特殊功能。

南師又積極的提出，如能「把握人人自有的活子時，及奇經八脈的道理，研究出一套新的針灸法則，可能是對人類真正重要及有意義的貢獻。」更進一步，如能再與唯識學中的「意識」研究配合，對判斷病情和治療則能更上一層樓的突破了。

在一共十四講的內容中，南師除了學理探討分析外，對於中醫藥的實際應用，以及養生修養方面，亦多有發揮和實例解說，內容極為豐富。

本書內文，並非根據錄音整理，而是由編者聽講的筆記整理而成，所以文字語氣、結構與講記不太相同，但每篇皆經南師審閱後才發表的。

本書的內容，於一九八五年，合併在《道家密宗與東方神秘學》一書中印行，篇名為「道家易經與中醫醫理」，當時只集結了九講。

此次重新整理單獨出版，除檢出其餘五講合為一冊外，並另定書名為「中醫醫理與道家易經」。

在整理出版的過程中，譚廉志教授和晏浩學友幫忙很多，特此致謝了。

劉雨虹 記

二〇一八年秋月

目錄

第二講　40

第三講　64

第四講 89

第七講　143

第八講　159

第十四講　235

結論　246

第一講

關於中國道家、「易學」與醫理的研究，是中國文化之寶藏，我早已希望集合中醫西醫及科學界等合併研究，一方面是將中國固有的、偉大的應用哲學加以闡揚，另一方面也是對人類的一種貢獻。

此次應光華針灸醫院朱院長之邀約，來講這個題目，因為時間的關係，只能作十四講。

本人既非西醫，亦非中醫，這十四講只能說是個人對「易學」、道家及醫理方面的報告，希望能以有限的資料掀起各界研究的興趣，大家共同作有系統的研究與實驗。

易學與中醫醫理

究竟《易經》的道理與中醫醫理有多大關係？這是一個很奇妙的問題，要說起來，醫理與「易學」是沒有太大的直接關係。

諸位一定會說，既無什麼太大的關係，還研究什麼呢？這就要說到道家了。

在秦漢以前，春秋戰國時代，道家有所謂「方士」之流，他們講求修道煉丹。這些丹道派思想的發展，是由《易經》的原理演繹出來的，也就是說，他們的思想是與《易經》配合的。

到了漢代以後，中醫的哲學思想，也經過演變，外加道家的影響，而使得醫理以《易經》的道理來詮釋了。也就是說，透過間接的關係，中醫醫理的哲學思想，卻建立在《易經》的基礎上了。

中國文化的特色是偏重於抽象，偏向於玄妙，這正是智慧之學，但也在學習研究及了解方面，增加了許多的困難。

中國五千年的醫學歷史，許多學派發展下來愈來愈為神奇，似乎是走入純哲學的範圍，但其實際應用的價值，卻很令人懷疑。

所以，我們可以說，「易學」與醫理之間，只是形而上的哲理的關係，至於形而下法則方面的運用，卻是大有問題的。

道家與中醫醫理

如果要問什麼與中醫醫理關係最密切的話，道家方術思想對醫理影響的重大，是遠超過「易學」的。

談到這個問題，我們又不能不承認中國上古文化的特殊氣質與雄偉氣魄了。

上古中國文化的特點是：敢於假想，敢於追求。

道家認為所謂「人」這個生命，是可以經過修鍊，使肉體的人身長生不死，而達到神仙的境界：「與天地同休，與日月同壽」。

試看，這種想法是多麼的雄壯，有多麼大的氣魄與胸襟！不論人類是否真正可以達到與日月同壽的目的，僅僅是這種假想，已夠得上偉大了，除了中國人，世界上又有哪一個種族敢作此想呢？

是的，西方文化宗教中提到了「永生」，但那仍是精神的、死後的事，與道家的假想是不可同日而語的。

道家的這種想法，正是像他們自己所說的：「宇宙在手，萬化由心」。

事實上，道家並不只是想，並不只是敢於說說而已，他們真正致力於方法的尋求，真要征服人類的軀體，真要控制人類的生命。在他們努力的過程中，所得到的成就，與中醫醫理關係至為深切。

漢易

提起《易經》來，很多人稱其為群經之首，稱其為經中之經，稱其為哲學中之哲學。

這話實在具有相當的道理，在所有的經典之中，似乎《易經》包括了一切，是智慧的結晶。

在中國五千年文化歷史中，關於《易經》方面，可以分為兩個階段。第一個階段是「漢易」，第二個階段是「宋易」。

簡單的講，「易學」包含了理、象、數三種學問。

理——是以哲學的方式，解釋宇宙間的萬事萬理。

象——是以理論科學的方式，解釋宇宙間事物的現象。

數——每一個現象都有數在其中，也是屬於科學的。

「漢易」偏重象及數，是屬於科學性的，也是與道家關聯最深切的，所以也有稱「漢易」為「道易」的。

而「宋易」所講求的是理（邵康節則是走「漢易」道家路線），屬於「儒易」，與道家關係較淺。所以與中醫原始有關的，也就是「漢易」了。

卦是什麼

提到《易經》，大家都會想到伏羲畫八卦，究竟什麼是卦呢？卦者，掛也。是一種現象掛在我們的眼前，故而稱其為卦。

《易經》所說的卦，是宇宙間的現象，是我們肉眼可以看見的現象。宇宙間共有八個基本的大現象，而宇宙間的萬有、萬事、萬物，皆依這八個現象而變化，這就是八卦法則的起源。

能夠觀察到宇宙的現象，將之歸納成八大類，畫成八卦，這豈非是超人的智慧？所以「八卦」是智慧之學，我們看到京戲中孔明出場，身穿陰陽八卦袍，就是說明高度的智慧，是以八卦為代表的。

畫卦與爻

卦既是宇宙間的現象，欲把這個形象記錄下來就要畫，所以卦是畫出來的，不是寫出來的。

卦是抽象的代表，也可以說是圖案的符號，八卦也就是一種邏輯符號。卦的組成為「爻」。

什麼叫作「爻」呢？一直線為一爻，稱為「陽爻」，一直線中間隔斷也為一爻，稱為「陰爻」。

卦就是由「陰爻」「陽爻」所組成的。

我們再看「爻」字，是由兩個斜的十字所構成。照地球物理的解說，地球磁場與經度及緯度呈斜交，這兩個斜交也就代表宇宙間的一種形態，萬物皆係交錯而成。

而這兩個交錯，恰成為兩個十字架，爻字也正是兩個十字架的代表。

我們的祖先伏羲氏，是否真的這樣畫卦，可能還是疑問，但中國文字的起源，卻是由象形開始，也就是說由畫現象開始的，好像畫卦一樣。

如何畫卦

寫字多半是由上而下的，可是畫卦卻是由下而上的，也就是由內向外一爻一爻的畫。這是畫卦的一個基本常識。

雖然也可以從上而下，從外而內的畫卦，但是最初畫卦的方法，是由內而外，由下而上，這是有其重要道理在的。

我們生活在地球上，地球生命的功能，是由地球中心向外散發所產生的。

以一個人為單位來說，個人的行為能力，也是由內而外的。

這是《易經》的基本思想，也就是畫卦由內而外，由下而上的原因。

下圖是伏羲所畫的先天八卦方位圖，可是這個八卦圖，在唐以前未見流傳，是在唐宋以後才出現的。是否是伏羲氏所畫，我們不作考據，在此不加討論，現在讓我們看看先天八卦所表現的意義。

先天伏羲八卦

乾卦——代表天體。

坤卦——代表大地。

離卦——卦象是圓中一點，代表著太陽。

坎卦——上下外圍都是陰，中間一畫陽爻象徵光明，代表著月亮。

巽卦——下面破碎，代表著風。

震卦——下面陽，上面破碎，代表了震動，為雷。

艮卦——地上有突出的高山，代表了山。

兌卦——上面的缺口，表示了湖澤、海洋。

大家看了這些陰爻陽爻，也許難以了解為什麼會代表了日月天地、山澤風雷。但是我們要知道，最初所畫的這些卦，並不是像今天所畫的這樣直，這樣整齊，原始的畫法，陰爻可能只是兩點而已，所謂陽爻，不過是一塊整的而已。它的形狀也不一定是整齊的，而且卦是立體的。

所以離卦的形狀，只是一個圓圈，中間一個黑點，用來表示太陽。其他各卦，也是如此演變的。

八卦所代表的現象

看了先天八卦，我們清楚的了解到八卦已經將全部宇宙的現象畫下來了。

這宇宙間的八種現象，就是天、地、日、月、風、雷、山、澤。

請問，除了這八種現象構成了宇宙自然界外，另外還會有什麼東西呢？八卦的歸納真是太偉大了。

孔子在《易經》的〈說卦傳〉上說：

「天地定位」，從任何方向望去，都是天。

「雷風相搏」，大氣摩擦發為雷電，雷電的震盪成為氣流。

「山澤通氣」，這個道理與針灸的應用，是完全相同的，此點留在後面再說。

「水火不相射」，火多則水乾，水多則火熄，極難達到均衡。

至於八卦所代表的人體部位如下，這是丹道派的觀念：

乾——頭部 1

坤——腹部 8

離——眼睛 3

坎——耳朵 6

震——丹田（生命能） 4

巽——鼻子 5

艮——背部　　7
兌——口部　　2

八卦「數」的問題

我們看到「先天伏羲八卦圖」上的數字，真覺得有趣，1、2、3、4是向左旋轉，5、6、7、8是向右旋轉。

這是《易經》的基本原理，「天道左旋，地道右旋」。

我們再看這些數字，對面相加皆成為九，所以先天八卦中雖然沒有九，但九實在存在於其中，稱為九在其中矣！

西洋的微積分，據說深受易理的啟示而發明的。

但是《易經》「數」的觀念，卻認為天地間只有一個數，那就是「一」，這是《易經》的數理觀念，這個所謂數理，也並不一定是今天數學上的意義，大家不可混為一談。

這個「一」，如果加一則等於2，再加一則等於3，最高為9，再加一則又回到了一。

這個思想方法是歸納的邏輯，與西方分析的邏輯，是完全不同的。

在這些數字中，1、3、5、7、9，至9為最高數，9代表至陽，陽能至9之數為頂點。2、4、6、8、10為陰數，6在中間，代表至陰。

先天八卦方位 氣候與醫療

兌為澤，它在八卦上的方位為東南，可以說東南多水，以現在來說，臺灣正處於先天八卦兌卦的位置上，正好在海洋的地方。

巽卦為西南，巽為風，那麼西南是多風的區域。雲南下關的風最大，卡車經過的時候，可以關了油門，任風吹馳而行，其風大可想而知。有人說：此之所謂巽為風也。

各地因氣候不同，地理環境有異，造成醫療方面的偏差。比如說，北方多溫病，因此傷寒論只能適用於南方了；臺灣是海洋亞熱帶的氣候，用藥的方法與大陸上完全不同。所以，如果將一樣的藥，一樣的方法，應用到世界各地，忽略了氣候的因素，那是絕對不正確的。

談到這裡，我想起了廿年前的一樁事，一個朋友害了一身黃腫的病，由另一個中醫朋友治療，在他所開的藥方中，使用了麻黃六錢。當時我大吃一驚，因為在大陸上用麻黃非常慎重，絕對不敢用這樣多的。這個病友吃了一兩劑藥未見效，這位中醫朋友又增加麻黃為一兩，那時我實在忍不住要問他了，他解釋說，臺灣藥品質欠佳，成份有問題，再加上氣候的因素，一兩等於大陸上的兩錢而已，豈知照他的處方服用後不久，病就好了，由此證明，中醫最重視的是氣候。

道家觀念中的人類

我們前面說過，八卦代表宇宙間的八大現象，大家一定會懷疑，我們這萬物之靈的人類，怎麼沒有包括在內啊！

關於這一點，道家的觀念最為有趣，他們認為地球是一個有生命的東西，而我們人類，只不過是地球上的寄生蟲而已。

說寄生蟲還好聽一點，實際上，道家稱人類為「倮蟲」，也就是裸體之蟲，生下來赤裸裸的裸蟲而已。

我們能說道家的比喻胡鬧嗎？試看看地球上的人口問題吧！人口在不斷的增加，依照道家的推論，人口仍要增加，就像蘋果裡面生了蟲一樣，一旦生了蟲，必定愈生愈多，直到完全把蘋果蝕壞吃光為止，那時蟲也完了。

地球上自從不幸生長了倮蟲——人類，他們就不斷發展所謂科學。挖礦、海底鑽油，物質文明越來越發達，破壞性越來越高，直到我們這些倮蟲把地球毀滅為止。

道家對宇宙萬象的研究

太空人登陸月球的時候，美國朋友曾說到月球的主權應屬美國，但是我卻說了一個笑話，認為月球的主權應屬中國，因為中國的「嫦娥」，早已在數千年前奔向月亮了。這雖然是笑話，但是卻真是有點真實的意義，因為我們的道家，早已開始了對月球和太陽的研究。《道藏》裡早已有過一本《日月奔璘經》，設想登陸月球和太陽的道書。

在道家的文獻《道藏》中，除了有對月球的研究外，還有一幅極為複雜的圖，稱為「五嶽真形圖」，是以中國為中心，畫出五嶽的地下，認為皆有地下道相通。道家的傳說，由甘肅省的黃帝陵之下開始有一地洞，沿洞中地道前行，三個月後走出來就是南京。

《道藏》中又把中國大陸像內臟一樣的分類，地肺在陝西省。又在前人的筆記中，記載著天山以北的地方，有一個洞，每到清明的時候，這個洞就冒出大氣，說是地球的呼吸。在出氣的時候，沙漠上的人都聞其聲，人畜早就逃得遠遠的，以免被氣吹得渺散無方，等到廿四小時以後，又可以聽到呼吸的聲音。紀曉嵐的筆記，曾經提過到過這個地方。

在沙漠中，湖泊可以受地氣的影響，自己搬家，它們像大冰塊一樣，移動到另外一個地方就停住了。有些蒙古朋友，還說曾經親歷過這種情景。

這些現象是什麼呢？它們就是《易經》上的山澤通氣。

山澤通氣與氣

道家把天地視為大宇宙，把地球上的人體視為一個小宇宙。

道家在修丹道的時候，首先是注重人體的氣。

地球在道家的心目中既是有生命的，當然也是有「氣」的，這就是《易經》上「山澤通氣」的原理，被道家所加以應用的原因。

氣是什麼？在道家學說上的「氣」是一個很神妙的問題，在中醫學上的「氣」，也是一個神祕的問題。

八卦上的艮為山，如果把艮錯過來，則是兌卦，就是海洋，這就說明了山下是海，海下是山。

山的最下面與海的最下面是相連接的。

但是，山澤為什麼通氣呢？

道家的兵學，本是祕而不傳的，現在說到了「山澤通氣」，先讓我們看一遍古代道家兵學上出征塞外的情形吧。

在千百年以前的中國社會裡，帶領萬千大軍出塞，既沒有現在的通訊設備及補給，單是水源問題，就是不得了的大事。

可是道家卻有辦法，在行軍時，攜帶許多的蓬艾，到了西北高原或沙漠地帶，先挖一個約一丈見方的坑井，把蓬艾放在坑中燒，這時注意遙遠的四週，不久就會看見別的地方冒出煙來，從冒氣的地方打井，必可得水。

這也就是「山澤通氣」的應用和證明。

但是為什麼用艾草呢？

據道家和中國藥物學的研究，艾草是通氣的，這點要留待植物專家和科學家去作進一步的研究了。

不過針灸所用的艾草，也正是這種艾草。

卦之體用與道家的哲學

我們已經概略的談了先天卦和中國醫學的關係，下次可以介紹文王的後天卦，在唐宋以後，《易》的體用已有明白的分野。

先天卦所代表的是本體，是宇宙的法則。

後天卦所代表的是應用，是根據宇宙的法則，應用於萬事萬物。

在「易學」的基本觀念中，有一種陰陽消長的道理，就是陰極則陽生，陽極則陰生。

如果根據這一點來說，中國的文化，基本上都是以易學作基礎，例如以易理來講歷史哲學，便有「話說天下大事，合久必分，分久必合。」這是由陰陽消長的道理發揮而來的論調。
陰極則陽生，陽極則陰生，也正是道家的基本哲學思想。

第二講

上次我們已經講過了伏羲的先天八卦圖，現在要介紹文王的後天八卦圖。

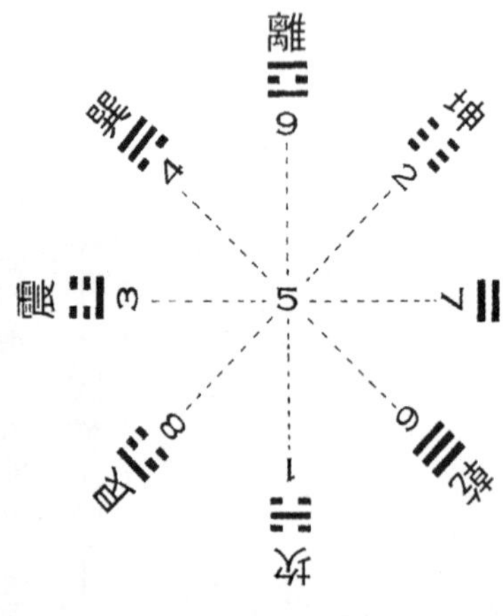

文王後天卦

因為時間的關係，我們只能將《易經》方面，作最簡略的介紹，請大家注意並牢記後天卦的「數」，因為它與針灸關係極為密切。

我們看了後天卦，發現它的「象」與「數」都與先天卦不同。一個數與對面的數相加都成為十，也就是說，與對面合成為十。

由這裡使我們想到，佛教的合十，與西方宗教的十字，基本上都有合十的神妙意義，如果引用到醫理方面，似乎是表示保持均衡的重要，能保持均衡才是健康。

中國的教學法，往往把枯澀難記的學理，編成押韻的詩，以便於背誦，後天卦的唸法是：

一數坎兮二數坤　三震四巽數中分
五寄中宮六乾是　七兌八艮九離門

《易》之體用

《易經》似乎是太難懂了，看了許多「易學」的書，使我們都是愈弄愈糊塗。

現在我們只要先注意先天、後天兩個八卦，就能提綱挈領的瞭解了。

先天八卦所講的，是宇宙未形成物質世界時之物理法則。

後天八卦所講的，是物質世界形成後太陽系的物理法則。

先天所講的是體。

後天所講的是用。

《易》的體用，是在漢、魏、南北朝以後才發展出來的，道家的哲學，陰極則陽生，陽極則陰生，也是互為體用的道理。

瞭解了體用之分，我們自然會明瞭，許多堪輿方面、命理的各種不同八卦，只不過是將先天卦之「象」，搬到後天卦的「數」上，另成一個八卦；或者是將先天卦的「數」，搬到後天卦的「象」上，也另成一個八卦。這樣搬來搬去的應用，他們有他們的理，但是因為原理未見闡明，這門《易經》的學識，就變得更為神秘難懂了。

三家村與來知德

孔子說「玩索而有得」，是指研究《易經》的方法。

在研究《易經》時，必須反覆玩索卦象，才有心得，有人終生研究《易經》，也不一定達到最高境界，這是一門極有趣味的包羅萬象的學問。勸大家夜晚不要研究，因為一不小心，就會發覺東方之既白了。

為什麼「易學」書籍那麼多，又那麼難懂呢？原來與三家村的學者有關。

這些三家村的學者，畢生在古老的環境中研究「易學」，實在值得欽佩，但可惜的是孤陋寡聞，前人老早已有的心得沒有看到，他們仍在獨自埋頭研究。

明代有名的「易學」大家來知德，曾隱居廿年，專門研究「易學」。不錯，「來易」是很有名的，他確有極具價值的見地與發揮，但是，也因未遍閱先賢論《易》之書，使得他浪費了不少光陰，這些都是可佩而又可嘆的，也足為我們研究學問的借鏡。

後天卦之用

「帝出乎震，齊乎巽，相見乎離，致役乎坤，說言乎兌，戰乎乾，勞乎坎，成言乎艮。」

這是在〈說卦傳〉中，「漢易」據此以象數次序而解釋物理世界的法則，據說是孔子所寫。這個次序法則，當然是後天卦所表現的，也應該說，後天卦是根據這個法則而畫的。

孔子的這幾句話，簡單的解釋是：

太陽在東方昇起，震為東，為春，一年之始，一日之始（帝出乎震）。不久就表現了它影響萬物的能力，萬物滋長，巽為東南，春夏之間，上午（齊乎巽）。

至正中則光輝而治。離為南，日正當中，為夏，萬物都在充分發育（相見乎離）。

日偏西時，或夏末秋初，自然界蓬勃之象已收，坤為地（致役乎坤）。

日落時，在一年之中是仲秋氣象，這時兌卦已是一陰來到，一切開始進入陰的境界（說言乎兌）。

入夜，也是深秋之時，陽能的乾卦進入陰境，陰陽就有交戰的現象（戰乎乾）。

子夜，孟冬之時，萬物所歸，在極陰的境界中，一陽在其中矣，這是新的轉機，坎中滿（勞乎坎）。

夜去冬盡，宇宙間一切開始暗中萌動了，新的陽能又起來了（成言乎艮）。

如果我們把萬有世界的物與事，用這個法則來解釋，是沒有一樁事不符合這個法則的。所以說，按照《易》卦來推論天下大小之事，是絕對準確無誤的，也是絕對科學合理的。

《易》的三要點

《易經》有三個基本的要點：

一、變易：易所說明的宇宙事物，是必變的，也就是說，天地間萬事萬物，沒有不變的。但這個變，是漸變而不是突變。《易》是否定突變的，因為一切突變的事情，實際上，內部的變化已由來久矣。

二、不易：在一切的必變之中，有一種絕對不變的本體，這就是形而上的道理，在西方的宗教呼之為上帝，佛教稱之為佛，老子無以名之稱它為道，也有人叫它為「一團漆黑」。不論其名如何，所代表的是不變的本體。

三、簡易：《易》是歸納法，將宇宙間的現象與人事，歸而納之為極簡單的必然之理，稱為簡易。

六十四卦及六爻

在先天伏羲八卦中，三爻為一卦，但是後來的演變，卻將兩個卦加在一起，六爻成為一卦。

在六爻之中，下面的三爻卦為內卦，又稱下卦，在上面的三爻為外卦，又稱為上卦。

六，是個奇怪的數字，「易學」認為第六位最高，據說在自然科學位數方面，也認為六是頂點。

在八卦圖上看到的三爻卦，是在八個方位，現在配合成兩個三爻一卦，成為六爻卦，結果每卦（三爻）就有八個（六爻）卦了。

如此一來，八個卦的總數就是六十四卦了。

現在讓我們先看看乾卦及其變化：

䷀乾為天。

䷫天風姤，根據《易》的必變道理，從內部最下變起，好像宇宙間起了大風，即變成為姤。

䷠天山遯，二陰生起，混然一體的陽氣開始退藏，即變為遯。

䷋天地否，天地形成後，則天下多事矣，是為否，等於有天地則有人，從此則無寧日，也可以稱為《易》的幽默，下一變為：

䷓風地觀，由內而外視之，頗為可觀了，也可以稱是持盈保泰的道理，再一變為：

䷖山地剝，如不保泰，則為剝，好像是人的身體，如不保重則剝損。

䷢火地晉，這是第七變，是外卦初爻的反變，稱為游魂卦，等於說，人雖未死，卻游魂於廢墟之間，到墓場中去觀光了。

䷍火天大有，這是第八變，內卦整個還原，稱為還原卦，也稱為歸魂卦。但是，這個歸魂，雖象徵著生命的延續，卻並非自己生命的還原，而是子孫的延續。所以世界上沒有任何事是可以絕對還原的，所謂還原，不過是變化的一種，而與以往的形式相似罷了。

以上所說的，是乾卦本身及其變化，一共是八個卦，另外的坎卦、艮卦、震卦、巽卦、離卦、坤卦、兌卦，也都各自變化，其法則相同，共為六十四卦，在此不逐一多作解釋了，大家可以對照任何一本《易經》書籍參考研究。

錯綜複雜的變化

難道說，六十四卦就說清楚世間的一切變化了嗎？

不！事情還錯綜複雜得很哩！

我們仍拿乾卦來說吧，它的第一變成為姤卦。

䷫天風姤。

綜：如果把姤卦的圖，作180度的倒轉，則成為：

䷪澤天夬，這是姤卦的反對卦，又稱為綜卦。

錯：如果把姤卦的五陽一陰，變為五陰一陽，則成為：

䷗地雷復，這是姤卦的正對卦。

一個人到了病的時候，就是剝卦，而剝卦的反對卦就是復卦，復卦豈不就是病體恢復健康了嗎！

在六十四卦之中，卻有八個卦是沒有綜卦的，這八個卦就是：乾、坤、坎、離、大過、小過、頤、中孚。

這八卦之中的乾、坤、坎、離，是天地日月的宇宙現象，在任何角度來看，天絕對是天，地絕對是地，太陽與月亮也仍是日月。

後四卦，大過、小過、頤、中孚，是屬於人事的，但卻是有其不變的性質，所以也沒有綜卦。

我們看到的錯卦與綜卦，是屬於外在的變化，現在我們再來看一看，事情內在的複雜變化吧！

上交下為交，下交上為互，從字體的形象上也可以看出來這個意思。

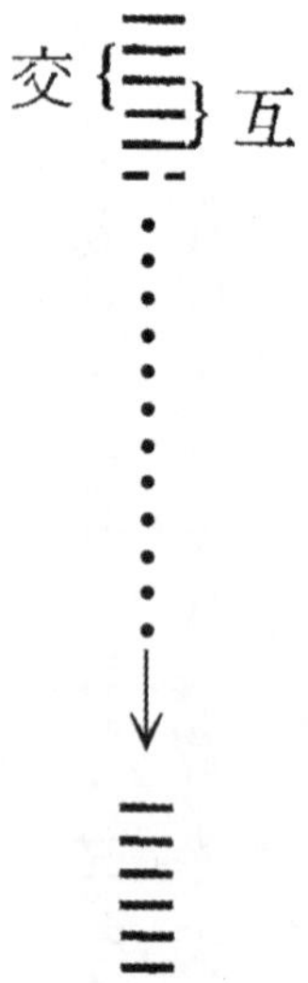

以姤卦來說，上下外爻不變，只要內部的四爻則成交互。姤卦的複雜交互，即為乾卦，這樣錯綜複雜的看來，真與世界上的事與人一模一樣了。

辯證法與微積分

把八卦的形成及演變分析之後，再研究了其錯綜複雜之卦，才清清楚楚的體會到，以《易經》八卦的立場觀察人事是八面玲瓏的，是周密合理而客觀的。如僅從一個觀點來看事情，錯誤也就絕對不可避免了。孔子忠恕之道的基本精神，也是說因觀點不同，凡事也應在他人立場著想。

最有意思的事是，有人發現了《易經》這種對事物的道理，啞然失笑說：這就像是西方的辯證法呀！

聽到了這種意見，不禁使我想起了一個故事：有一個人認識一個小孩子，一天這人忽然遇見了這個小孩子的祖父，於是就啞然失笑說，你看這個老祖父長得多麼像這個小孩子呀！

這真是有趣之極，《易經》已有五千年的歷史，辯證法也不過是十八世紀的產物，不知道是我們文化的毛病呢，抑或是我們中國人有些是顛倒著走路呢？

不來慨嘆我們這些伏羲、黃帝的子孫也罷！再看看西方那個微積分的發明人吧！

他研究了《易經》，從《易經》「數」的法則中得到很多的啟示。《易經》六十四卦有一個方圖及一個圓圖，但是他把方圓圖弄錯了，雖然發明了微積分，但自己卻十分遺憾，遺憾自己不是中國人，沒有把「易學」弄得太徹底。否則，成就可能更多了。

其實我倒替他慶幸，慶幸此君不是中國人，因為他如果是中國人的話，弄通了《易經》，也決不會發明微積分，頂多作個卜卦的術士而已。

因為學《易經》的人，都是只重「理」的部分，而不重視「數」，真是可嘆！

方圓圖與氣候

先看八卦的方圖，從右下方的乾卦，一條斜線到左上角的坤卦，一共是八個卦，就是八卦中的乾、兌、離、震、巽、坎、艮、坤。而它們的數位就是一、二、三、四、五、六、七、八。

由此方圖，可以看到六十四卦中每一卦的「數」。方圖所代表的是空間，圓圖代表的是時間。

那麼圓圖是如何排列的呢？

由坤卦為起點，從方圖的最上一排開始，將第二排最左邊的謙卦，接排到第一排最右邊的否卦，如此一排排的接下去，到姤卦為止，形成了半個圓圖。

另半邊則從方圖最下一排的乾卦開始，將倒數第二排最右邊的履卦，接排到最下一排最左邊的泰卦，如此一排排的接下去，到復卦為止，而形成另外半個圓圖。

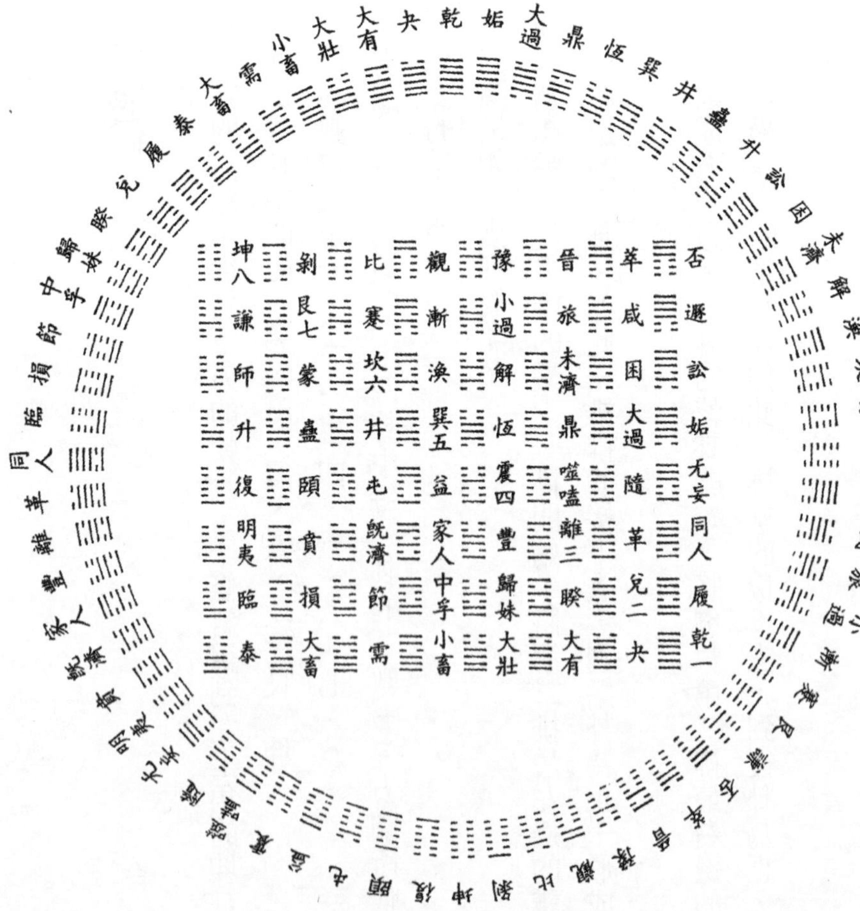
否 遯 訟 姤 无妄 同人 履 乾一
萃 咸 困 大過 隨 革 兌二 夬
晉 旅 未濟 鼎 噬嗑 離三 睽 大有
豫 小過 解 恆 震四 豐 歸妹 大壯
觀 漸 渙 巽五 益 家人 中孚 小畜
比 蹇 坎六 井 屯 既濟 節 需
剝 艮七 蒙 蠱 頤 賁 損 大畜
坤八 謙 師 升 復 明夷 臨 泰

伏羲六十四卦方圓圖

在圓圈的中心，從乾卦到坤卦劃一條線，好像是天體銀河的位置，而這一圓圈既是代表著時間，所以一年之中的二十四節氣，及十二個月，皆由是而產生。

在圓圖中，除掉乾坤坎離代表了天地日月，不為節氣之用外，下餘六十卦。

每卦代表六天，共三百六十天，是一年。

五天又為一候，三候為一氣，六候為一節。

所以一年有十二個月，廿四節氣，七十二候。

這是根據太陽系必然的法則，以卦象說明氣候的變化，預知氣象由斯產生焉！氣象變化深深的影響著人類的一切，醫理與氣象的關係最為密切。

中醫的基本書及其他

大家注意一下，可以發現，今天在地震之後，我們的精神特別好，這是氣象變遷所造成的影響，也說明了氣象變遷與醫理的關係。當然，有時在地震之後，氣象的影響，反使我們的精神特別壞。

現在，讓我們先談談三本書，以便瞭解中醫的發展史，實際上，這三本書，正是中國的醫學發展史。

一、《內經》：包括〈靈樞〉〈素問〉兩部分，是原始的醫理學，其中以針灸最為重要。可是《內經》並不僅是一部醫學理論的書，它更是一部修養之學；要說起來，應與《四書》並重，列入必讀之書，結果被局限入醫學的範圍，實在有欠正確。

二、《難經》：這是一部講理氣的書，所論的是偏重氣脉方面的學問，好似堪輿方面的理氣一樣，除了看巒頭、講形勢以外，還要注重理氣。

三、《傷寒論》：這是一部實用醫學的書，照我的意思來說，應該算是南方醫學的書，因為只有南方才多寒病。所以無論是醫理也好，實用醫學也好，處處要兼顧到人與宇宙的關係，以及氣象對人的關係。這部《傷寒論》，如應用於西北邊區，有些醫法就會有問題。

那麼醫治北方人的病，應該怎麼辦呢？

北方多溫病，應該注重《溫病條辨》才比較合宜。

到了唐朝孫思邈的醫學，是純粹屬於道家派的醫學，其所著之《千金方》及《千金翼方》二書，亦應列入國人必讀，其中涉及了庭園的設計、藥草的種植，都與健康、醫學有關，它將醫學融化在日常生活之中，真是一部妙作。

可愛的巫醫

中醫是由祝由科起源，其中包括有符咒的應用。

聽到符咒兩個字，一般人難免都想到了神神鬼鬼，以及迷信的巫醫。

事實上，符咒的應用，確是巫醫所做的事，巫醫不但不可怕，他們還是精神治療的老祖宗呢！

在上古氏族社會的時代，所有的醫生都姓巫，這是一個氏族的姓，巫氏門下出良醫，巫醫是一個尊稱。

巫氏名醫，用符咒的方法治療病人，是一種道地的精神治療，畫符唸咒是利用病人對醫生的信心，以及病人自身的信心，以達到治病的目的而已。

巫醫不是很了不起，很可愛嗎？他們哪裡是西方漫畫中的可怖巫婆呢？

中國的醫學，在祝由科以後，講求的是：一砭，二針，三灸，四湯藥，等到要吃藥時，已是第四步的醫法了。

道家的生命學說

前面說到道家的醫學，究竟道家醫理是怎樣演變出來的呢？讓我們先看道家的生命變化圖吧！

乾卦是陽能，是生命的開始，乾卦的內卦是懷胎時期，外卦代表了出生後至十六歲（女十四歲）。從這個表上，我們可以看到，男子十六，女子

▲生命的兩種變化（長生或不亡以待盡），☰代表生命中生生不息的功能，☷表示生命已受的損害。

修道昇華（突破現象界的限制，奪天地之造化）

卦象名		方法
☰	乾	1. 由生理着手，藉吐納、藥物等方法，煉精化氣，煉氣化神……。 2. 由心理着手，致虛極守靜篤，或等而下之如守竅……是。
䷪	澤天夬	
䷡	雷天大壯	
䷊	地天泰	
䷒	地澤臨	
䷗	地雷復	
☷	坤	

普通變化（受物理現象的限制，生命逐漸消耗。）

卦象名		年齡 男	年齡 女
☷	坤	男	女
䷖	山地剝	56↑49	49↑43
䷓	風地觀	48↑41	42↑36
䷋	天地否	40↑33	35↑29
䷠	天山遯	32↑25	28↑22
䷫	天風姤	24↑17	21↑15
☰	乾	16	14

十四以後，就進入後天的生命。

《內經》上說，女子二七天癸至，即十四歲開始了後天的生命。

此後，在男十七，女十五歲即進入姤卦，每八年（女七年）陽爻變陰，變為另一卦，為遯，為否，為觀，為剝。

剝卦盡頭，男子五十六歲，女子四十九歲，那時的男女，雖然活著，但已是遊魂的狀態，按現在西方的生理學，是更年期，按道家的學說，生命已是最後的一陽將盡的邊緣了。

如趁一陽未盡的時候，也可以說趁爐中的火　有星點餘存，趕快設法修煉，還可以有轉機，請看道家的另外一圖，修道的昇華吧！

道家的修法，就是依照宇宙間自然法則的道理，配合了藥物。

在《內經》和《高上玉皇心印經》中，提到的有上藥三品，是精氣神。就是用自己的力量，改變自己的身體，一陽來復，生氣就有了。

繼續的努力，變為二陽四陰，再進步為三陽三陰，最後達到乾卦，恢復為純陽之體，成為原始的青春狀態。

如果已經到了坤卦的年齡，不是一切都完了嗎？絕對不是，不過，我們確實要加倍的努力，才能恢復「一陽來復」的局面。

可笑的採陰補陽

道家修身的學說，有一句是：取坎填離。

坎中滿、離中虛，坎卦中間為陽爻，離卦中間為陰爻。如果把離卦中間的陰爻，易之以坎卦中間的陽爻，離卦就變為三爻皆陽而為乾。修道的目的是返本歸原為乾卦，所以就形成了取坎填離的說法。

豈知有些一知半解的人，以坎為陰，離為陽，就把取坎填離，解釋為採陰補陽了。

我們從《易經》的卦象，再看到道家以《易》為基礎的生命之說，就不難明瞭取坎填離的道理，那只是一種學說的定理，並非是修煉的方法。

採陰補陽之說，其謬可知矣。

偉大的邵康節

說到《易》，說到道，我們一定要說宋代的有名大師邵康節。邵康節上通天文，下通地理，精研《易經》道家之學。許多人都看過推背圖，其中有邵氏的梅花詩，就是以《易》的原理推論世界大事。

邵氏由道家醫理，說到生命的本能，曾有詩如下：

耳聰目明男子身（生命的奇妙）
洪鈞賦予不為貧（生命的寶貴）
因探月窟方知物（物質世界由動能而來）
未躡天根豈識人（宇宙生命來源不能把握，豈能瞭解人）
乾遇巽時觀月窟（天風姤，可知生命法則）
地逢雷處見天根（復卦，見到生命之本來）

天根月窟常來往（把握生命與宇宙的關聯）

三十六宮都是春（可得真正的不死永生）

第三講

魏伯陽和參同契

自漢代以來，修神仙、煉丹道開始廣為流行。那時，上古的陰陽家、道家及雜家的各種知識學說與方法，才真正的融滙在一起。就連天文、地理，也都達到一種新的境界，呈現了新的面目。東漢的魏伯陽，是歷史上著名的道家，他所著的一本書，名叫《參同契》，在中國文化上佔有極重要的地位。

這本《參同契》，揉合了《易經》、老莊，及神仙煉丹法於一爐，稱為千古丹經之鼻祖，是中國科學原始的基本要典。中國養生生命學的道理，也都包括在內，唯其中隱語甚多，外行人讀之頗為費解。《參同契》中引用《易・繫辭傳》所說：

「法象莫大乎天地，懸象著明莫大乎日月。」

前一句的意思是說，自然界裡的法則，以天地為最大。下一句則是以日月為喻，說明人體氣血的循環，就像日月在宇宙間運行一般。

兩漢的醫學及煉丹，皆以《易經》的陰陽與五行八卦的原理為依歸。也就是說，五行的說法在那時已經開始了。有人也認為五行之說並非上古開始，只不過是漢代的偽造而已，但是以所使用度量衡的標準來看，可能兩漢以前早已存在。

《易》是研究兩性之學嗎

「乾坤其易之門邪。乾，陽物也。坤，陰物也。陰陽合德而剛柔有體。」

這是從《易經・繫辭傳》中節錄的一句。

所謂「乾坤其易之門邪」，對醫理來講，是指後代的時候，以《易》為基礎，對人類生命加以計算，並研究針灸與十二經脈的關係。

由此而引出了十二辟卦，我們在下一段詳細說明十二辟卦，現在順便說到一個笑話。

有人著書立說，認為《易經》只不過是研究兩性問題的學說而已，他們的理由也是根據〈繫辭〉中的這一段：「乾陽物也，坤陰物也。」這不是分明說男女兩性的生殖器官嗎？再看《易經》之中，到處都是陰陽，甚至陰爻陽爻也都成了性的象徵。所以說，這些人的結論就來了，《易》是研究性學的。

可是我們要明白，「物」，在當時只作「東西」解釋。因為《易經》的用語，被後人借用，後人的後人，難免又將祖父比孫子了，這也是中國文化上的麻煩事。

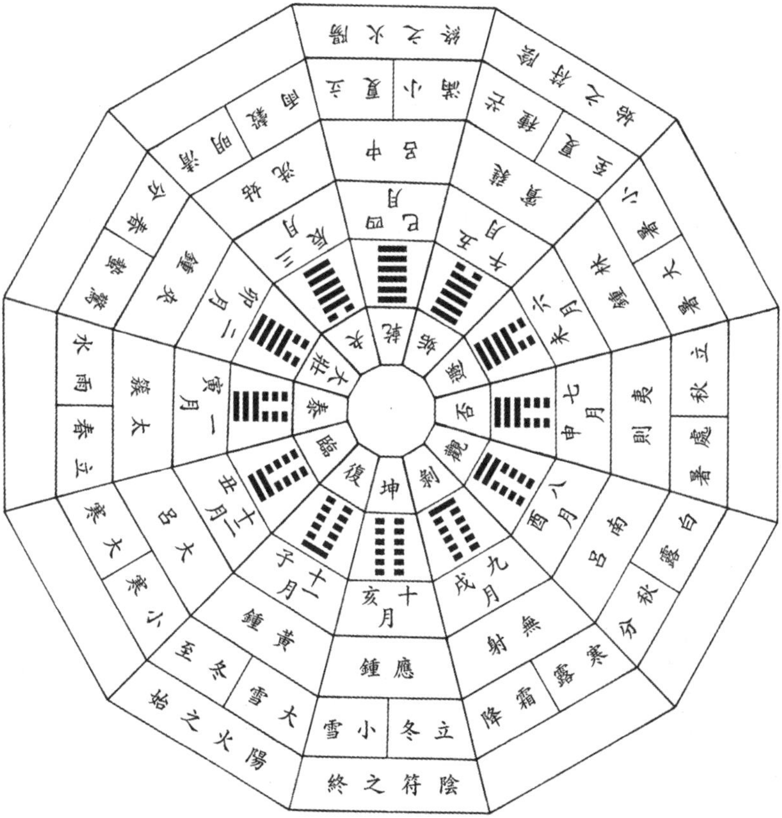

十二辟卦

十二辟卦是什麼？

辟是特別開闢的意思，而十二卦代表了生命乃至宇宙的消長。根據乾坤二卦所辟的卦，就叫作十二辟卦（其中有關節氣之劃分，是以中國大陸中原為標準）。

十二辟卦中，各卦經管一方，就像是諸侯各管一方一樣，所以又稱為諸侯之卦或侯王之卦。

在這十二辟卦的圖中，由內向外分別是：

一、卦名

二、卦象

三、十二地支所屬之月令

四、律呂

五、廿四節氣

在這幾項之中，我們先要談一談律呂。

音樂　曆法　律呂

律呂是中國音樂的一個名辭，看到音樂與曆法及氣象有了關係，難免使許多人大吃一驚。

實際上律呂是表示宇宙氣機的變化，同時說明了音律及曆法的關係。中國的曆法，本是一科專門的學問，也是一部氣象學。曆法是從黃帝開始的，那時用的是陰曆，但以太陽的行度為基準。

到了夏朝，就以寅月為正月（現在農曆的正月）。

商湯時代，以丑月為正月，為一歲之首（現在農曆的十二月）。

周朝則以子月（現在農曆的十一月）為正月。

孔子刪《詩》《書》，訂《禮》《樂》，對於曆法則仍採用夏曆。

中國一向是以曆法天文學享名世界的，但是現在卻落後於西方國家；以臺北之大，在校學生之多，僅有的一個圓山天文臺，幾乎要被改成兒童遊樂園了。怪不得中國的童子軍，在外國連北斗星都不認識，其他國家的童子軍為此大感詫異，認為天文曆法本是中國人的特長，想不到中國孩子連北斗星都不認識。可嘆！這也是題外之話。

在十二辟卦中，我們所看到的十二律呂，各代表一調。這十二個音調，與人體的十二經脈甚有關係。

這些音聲是如何開始的呢？原來在黃帝的時候，一位樂師伶倫用崑崙山解谷所產十二根竹管並排起來，一端整齊，一端則階次長短不齊，在竹管中置入葭灰（即以蘆葦燒成的灰）。

將這些竹管埋入空屋中的地下，不齊的一端在下，齊的一端在地面。當氣象變化至一陽生時，即「地雷復」卦，冬至時，第一根管子中有氣沖出灰飛，吹起了黃鍾的宮音。

這個黃鍾之音，正說明了土地中的陽能，在一定的時間，向外放射。人體的氣脈，也像地球中的氣機一樣，隨著氣象的變化而動。

許多西方的朋友，認為中國的音樂難懂，不易引發感受。因為中國的古樂是不平均的自然律，而西方音樂是平均律，比較適宜合奏的關係。（此節可參考《人文世界》一卷八期及二卷一、二期《律呂淺談》）

下面就要分別解釋十二辟卦中的每一卦了。

諸葛亮借東風 十月

☷坤卦，亥月，節氣立冬小雪。

這是全陰之卦，天地間之放射能，此時已全部吸收入地，但陰極則陽生，所以在十月立冬後，必會有小陽春，有一兩天風轉東南。當年諸葛亮借東風，就是通曉《易經》氣象的道理，知道十月立冬之後，西北風一定不會天天吹，根據氣象的推算，有一兩日必會刮起一陣東南風，所以故作玄虛，築壇祭風，反正一日借不到的話，二日三日下去，早晚可以等到東風。果然被他等到，大破曹操八十萬軍。

曹操大敗之後，閉門讀《易》，研究到《周易》蠱卦的「先甲三日，後甲三日」和立冬時，正值坤卦當令，其中有一陽來復的道理，哈哈大笑，悟出了東南風的道理。八十萬大軍的損失，才讀懂了《易經》，代價真不能說不大呀！

冬令進補　十一月

☷☳復卦，子月，節氣大雪冬至。

到了十一月，一陽來復。在卦上已看到了一陽之象，現在是陽火之始，地球所吸收的太陽之能，又開始向外放射了，這個時候，我們都會覺得胃口不錯，消化能力也好起來了。冬至開始，正是人人高喊冬令進補的時候，一點也不錯，復卦早已告訴我們了。

春快來了　十二月

☷☱臨卦，丑月，節氣小寒大寒。

現在的卦象，已有二陽了，雖是在十二月，可是春已暗中來臨，地球內部的放射能已漸昇高，變化遂將透出外部了。

三陽開泰　正月

䷊泰卦，寅月，節氣立春雨水。

這是三陰三陽的卦，天地間至此時，地球已經是全部陽能充滿了。這是春的開始，生命就要出土了。

大地驚雷　二月

䷡大壯，卯月，節氣驚蟄春分。

春雷動了，這一聲空中的巨響，驚醒了冬眠蟄伏的動物們，現在紛紛吐出了口中的混土，恢復了活動，這就是驚蟄的意義。卦象已呈四陽之象，陽能到達地面上了，植物也都開始了生長。

清明時節　三月

☱夬卦，辰月，節氣清明穀雨。

陽能已上昇到五爻，天地間只有一點陰氣殘餘，現在的陽氣正是最充足的時期，清明掃墓、郊遊，天地間充滿了新生，到處欣欣向榮。

燥烈的純陽　四月

☰乾卦，巳月，節氣立夏小滿。

現在的陽氣已達飽和點，物極必反，陽極則陰生，四月份太乾了，使人發悶，白天也最長。到此為止，均屬陽能的活動，稱為六陽的上半年。

喝一杯雄黃酒　五月

䷫姤卦，午月，節氣芒種夏至。

在純陽的卦中，最下面生出了一陰，濕氣在內部發生了，現在是一年中陰的開始。南方的黃梅雨，常會下個不停，天地間陰的力量又在暗中滋長。端午節吃粽子時，不要忘記喝一杯雄黃酒，驅散一下體內的潮氣。

夏日炎炎　六月

䷠遯卦，未月，節氣小暑大暑。

二陰生，暗中已有凋零的意味，麥子已經收割了，象徵一年中的生發季節已經過去。可是外表上，天氣是炎熱的，雖然內部衰相已經很深，但大地中仍有一爻陽能，利用它，另一季的農作物得以生長。

鬼節的祝禱　七月

䷋否卦，申月，節氣立秋處暑。

三陽三陰，秋天到了，天地的外部又要開始了明顯的轉變，雖然熱，但是秋高氣爽。到了下半月，夏天已全部結束，秋收開始，天氣即將轉涼，那些可憐的孤魂野鬼，以及家中作古的祖先親友們，現在也該作一個生活的安排了吧！七月十五日，讓我們誠心地祝禱他們，祈求他們有溫暖舒適的生活準備！

仲秋賞月　八月

䷓觀卦，酉月，節氣白露秋分。

秋的收割已經完成了，落葉紛紛，天地間呈現了一股肅殺之氣，因為陰爻已到了外卦。秋收冬藏的工作都已準備好，夜晚也已有露水下降了。八月十五的月亮多麼明亮，搬出來豐收的棗子、花生、玉米、毛豆、地瓜、梨子、核桃，讓我們吹著洞簫賞月，闔家團圓作樂吧。

秋風掃落葉　九月

☶☷剝卦，戌月，節氣寒露霜降。

天地間只有一絲陽氣存在了，生命至此，陽能已剝到盡頭，馬上就要完了。深秋的風，吹捲著，滿地落葉紛飛，樹枝上已變成光禿禿的，除了那些耐寒的松柏之外，如果冬衣還沒有備妥，可能會忽然受凍了。

剝復之際

前面所談的十二個月，是地球的生命法則，縮小來說，一天的生命也是如此。一日之中的十二個時辰，也以子丑寅卯辰巳午未申酉戌亥代表。

這個生命的法則，與人的生命法則是一致的，都處在剝復之際，以十二的一半，六為分野，六陰六陽。

到了第七，就是另一個開始。所以，在《易經》上稱為七日來復，人體的變化也是這個法則。至於病情的變化如何，也要注意到時間的因素，中西醫盡皆如此。

孔子的《春秋》

在一年之中，有時是夜長晝短，有時是夜短晝長，但是在春分與秋分時，日與夜是平均的，同是一樣的長短，沒有差別。

孔子著了一部《春秋》，為什麼古人稱歷史為「春秋」，而不名之為冬夏呢？

原來孔子也是採用春分秋分之道，在歷史的眼光中，必須以「持平」為準則，所以就取用了「春秋」作書名。

五行是什麼

看見了五行這兩個字，好像我們要開始算命了。不過，算命的確也是根據天地間的法則。

五行是天文的代號。一方面是抽象的原理，一方面也是實際的應用。《易經》上說：「天行健」，行就是動的意思，《易》的基本原理是說，一切都在運行不息。

有人說西方文化是動的，東方文化是靜的，不知是根據什麼。我們姑不論西方文化的好歹，只證明中國《易經》的文化，是生生不已，一切都在不停的進行著。

究竟五行是與《易經》同時開始的，抑是在漢代開始的，說法不一。但是漢代時期，對於抽象理論科學的建立，極有成就，是一個不可抹滅的事實。

五行是金、木、水、火、土。它們代表了宇宙天體中五個星球。

金是太白星
木是歲星
水是辰星
火是熒惑星
土是鎮星

這五個星，加上太陽與月亮，稱為七政。太陽與月亮是經星，五行之星是緯星。這些星球的放射能，影響了地球，地球當然也在放射，而影響其他星球。

五行的意義和作用

木代表生發的功能，在人體代表肝。

金代表破壞性及堅固的本體，在人體代表肺。

水代表了冷凍，在人體代表腎及大小腸。

火代表了揮發功能，在人體代表心。

土代表了中和之性，有中和金木水火的功能，在人體代表脾胃。

依照綜卦的道理，一切事物都有一種相對性，凡是有好處的，一定也有缺點；有害的，也必有其利益的一面。五行的本身，也是如此，所以五行是相生相尅的，它們相生的次序如下：

生　生　生　生

金→水→木→火→土→金

五行順勢相生，隔代相尅如下：

尅　尅　尅　尅　尅

金→水→木→火→土→金→水

在八卦的方位上來說：

金——西方

木——東方

水——北方

火——南方

土——中部

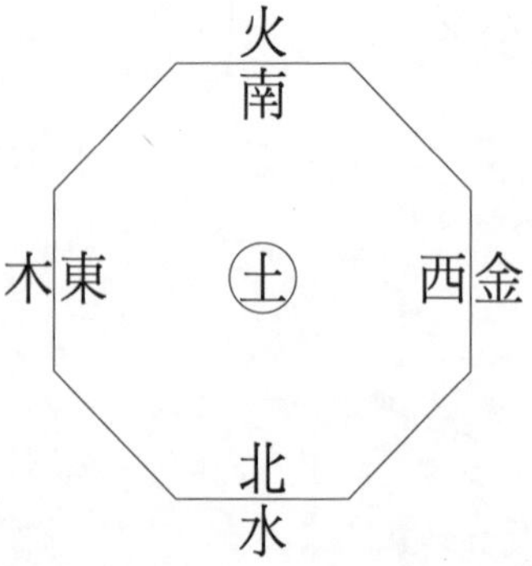

實際上，四川、西藏乃多金之區；東部生長茂盛；北方天寒，凍結較久；南方則氣溫較高。

頭痛醫腳

瞭解了五行的相生相尅的道理，就會明白中醫不是頭疼醫頭的原因。

一個人感冒咳嗽了，肺部有了麻煩。肺是金，要想幫助金增加力量，必須先去扶助土，因為土能生金，土是脾胃，所以說一定要同時調理脾胃，並顧及到腎水及大小腸。

事實上，金（肺）有毛病，一定會連累到土及水，所以肺有了咳嗽，胃氣絕對不適，腎氣也受肺金的影響，而引起耳鳴。

中醫的理論根據了五行，在治療的時候，要找到病源之所在，徹底的設法，所以不是頭痛醫頭，而成為頭疼時，反來醫治其他的部位了。

天干地支

雖然五星是由金木水火土五個代表，為什麼天干變成十個呢？因為五行不夠說明天干的陰陽全部意義，所以，每個由兩位來代表，這十天干是：甲、乙、丙、丁、戊、己、庚、辛、壬、癸。它們代表的意義如下：

五行	木	火	土	金	水
原素	甲	丙	戊	庚	壬
原質	乙	丁	己	辛	癸

地支共有十二，就是前面說過的子丑寅卯辰巳午未申酉戌亥。

十二地支代表了地球本身的放射能，與天干交互作用影響，而形成了天地間變動的法則。

十二地支代表了一年的十二個月，在十二辟卦中已說到了。

十二地支同時代表了一日的十二個時辰，每一時辰有兩小時。

十二地支同時也代表著十二個不同的年代，在天地間不停地運轉著。

十二地支與十天干配合，每六十年循環一個週期，稱為六十花甲。六十歲的老人，也稱為花甲老翁。

天干地支是一門偉大的學問，這門學問，對物質文明而言，是超然獨立

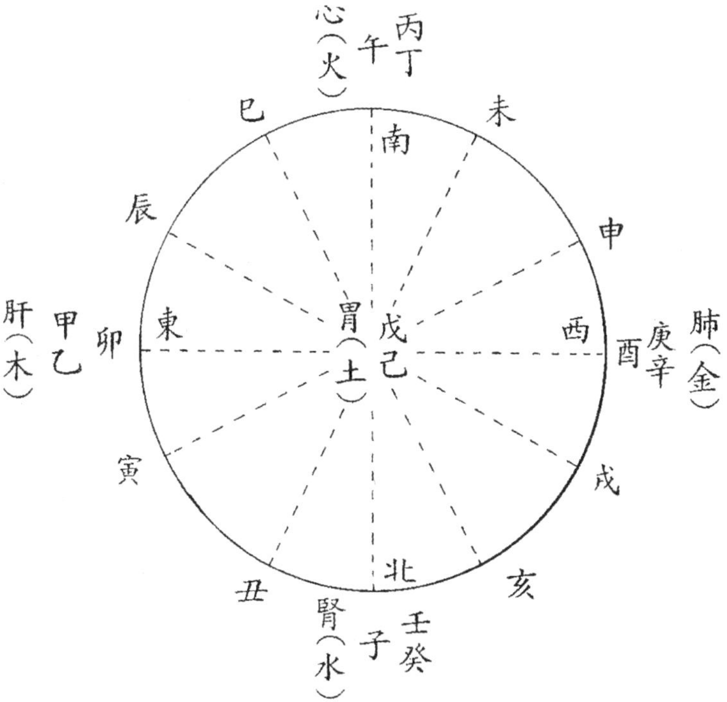

的，所以中國以往的年代，不論人事的興衰、帝位的轉移，一律採用干支為年的代表。

天干地支所代表的宇宙，道家稱為「造化洪爐」。人類在這個洪爐中，不過是一點點渣子而已，所以人死了，稱為「物化」或「羽化而登仙」。

在這個八卦圖中，包括了天干、地支、方位、五行及人體內臟。

由中間的對角線，看出了對面相衝，只有土在中間協調。

《易經》的道理是，立場相對、性質相反則相衝。

氣脈與穴道

看到了五行，以及人體的內臟也以五行來代表，不禁想到了《內經》中的一句話：「肝生於左，肺藏於右」。

照生理解剖學看來，肝臟分明在人體中的右邊，而肺又是兩葉，藏在胸腔內的左右兩邊。

那麼，《內經》不是在胡說八道嗎？

絕對不是的！

「肝生於左」，《內經》並沒有說肝生「在」左，這不是部位的解釋，而是氣脈流動的解釋。

中醫醫理注重氣脈的問題，肺的氣脈就是從右邊流動出來的，以後再詳細說明。

五行、干支、氣脉穴道，對醫理及針灸都有直接的關係。最近看到電視上的介紹，榮總的醫生以針灸協助拔牙，已有百分之七十的成效。可惜會點穴的人太少，否則成效將更為顯著。

許多人的病，事實上都是穴道受傷。身體偶然碰了一下，似乎揉一揉就好了，卻不知道那裡的穴道已經受傷，氣脉漸漸不暢，三年五年，就發出了病象。

讀書人的三理

中國的文化講究作人做事的一切道理。

其中最要緊的一項是孝道。

所以讀書人要通三理，即醫理、命理和地理。

命理是混合在醫理中的，都以五行為依歸，在醫治病人的時候，如果知道病人的八字五行，就可以明白病人體質的弱點，對於治療的幫助是很重要的。

一個為人子者，父母的命不能不知，由命知道父母衰旺的進展和變化，父母患病要知道醫治，父母百年之後，更要知道地理，選擇適當的地方安葬。

所以，這些觀念交織成的中國文化，認為讀書人要通三理。

但是，實際的情況是，每一種學問，都包括在中國的一切學問書籍之中，它們像織布機上的經線與緯線，都織在一起。只要多讀書，一定會涉及到這些學問。

也可以說，這些學問的源頭，都是一個，只要一通，不自覺的就三通了。

第四講

繼續研究下去，根據中國醫學的哲學部分為原則，也就是以理論的基礎為研究的方針。

至此，應該先放棄《易經》的關係，而以五行干支為研究的重點，因為陰陽與道家合流的陰陽五行，以及干支，正是醫理的最基本思想，在醫書之中，充滿了五行干支，如果不弄通了干支陰陽，想讀通醫書是很困難的。

騶衍是否胡謅

在戰國的時候，齊國有個鼎鼎大名的理論物理學家，名叫騶衍（歷史上另有鄒衍，並非一人）。

這個騶衍也是位陰陽家，在那個時候，他的弟子極為眾多，到處都歡迎他去講學。

他的見地不同凡響，對於所謂世界的定義，他首倡一種見地，把世界分為九大州，中國不過是九大州之一罷了，名為赤縣神州，在那個時候，說出了這樣的話，許多人都罵他胡謅、誕妄。

這是集成陰陽家學說的一位大師，而陰陽家的五行、天干、地支等學說，後來成為醫理的基本原則。

我們的小天地

道家稱宇宙是個大天地，人身是個小天地。

撇開生命的來源不談，道家認為人的生命作用，與天地是一樣的，先從既有的現象來說吧，《內經》上把一個人身歸納為廿六部分，都與天地的法則相配合。

比方說：人的頭，圓圓的，在整個人身的頂上，就像天一樣；而我們的腳在下，平平方方的，像地一樣。

我們的雙目，閃閃發光，不是天地間的日月嗎？

七竅再加上下體的兩竅，恰如天地之九州。

人有喜怒的時候，就像天地之雷電。

我們的四肢，就像一年的四時，如此配合共為廿六，比之天地：

頭	天
腳	地
左眼	太陽
右眼	月亮
九竅	九州
喜怒	雷電
四肢	四時

五臟	五音
六腑	六律
寒熱	冬夏
十指	上古之十日（十日稱旬）
十二肋	十二時辰
夫婦	陰陽
三百六十五骨節	三百六十五天
十二關節	十二月
膝肩	高山
腋膕	深谷
十二經脈	江河
衛氣	泉氣
毫毛	草蘆

臥起	晝晦
齒牙	二十八星宿
小節	地上小山
高骨	山石
幕筋	林木
䐃肉	聚邑

（人有時不生育，地有時不生草）

以上是《黃帝內經》的二十六人身形象，配合天地之形，這種說法是否有理？或者有牽強之嫌？還有一種說法，認為這是魏晉以後的思想。

十個太陽的故事

在前面人身與天地二十六形象之中，說到了上古時候的十日，十日就是十個太陽。

在上古的神話書中，也有一個故事，是說上古的十個太陽，後來被后羿射掉了九個，只剩下一個，使天地間的溫度降低了些，植物才能夠生長，適合人類的生活。

總之，不論如何說法，我們現在生活的世界，是處在太陽系中。但是十個太陽的說法，卻吻合著佛學的宇宙觀與世界觀。

在佛學的世界觀學說中，以包含了一個太陽及一個月亮的星球系統為一個世界的單位，我們生活的地方是一個太陽系中的地球。

可是，在無限的宇宙中，卻有許多許多類似我們這個太陽系的星球世界。以什麼為多的代表呢？

一千個太陽系，稱它為小千世界。

一千個小千世界，名為中千世界。

一千個中千世界，名為大千世界。

所以，在三千大千世界中，人比沙都小了，宇宙是如此的寬闊無垠，說太陽有十個，不過是微微形容一下罷了。

然而，上古的十日，正是對無垠宇宙的一種說明。

彩色有聲有味電影

不論人身是否與天地配合得一模一樣，人類的軀體，不可否認的，是有聲有色，有氣有味，就好像七彩玲瓏的有聲電影所表現的一樣。

如果用五行的方法，配合性質來表明一下的話，就可以列出下面這張簡單的表：

1	五行	木	火	土	金	水
2	天干	甲乙	丙丁	戊己	庚辛	壬癸
3	地支	寅卯	巳午	辰戌 丑未	申酉	子亥
4	（後天） 八卦	震巽	離	艮坤	乾兌	坎
5	（洛書） 數字	8	7	5	9	6
6	方向	東	南	中央	西	北
7	季	春	夏	四季	秋	冬
8	五音	角	徵	宮	商	羽
9	色	青	赤	黃	白	黑
10	味	酸	苦	甘	辛	鹹
11	五星	歲星	熒惑	鎮星	太白	辰星
12	九星	三碧 四綠	九紫	二黑五黃 八白	六白 七赤	一白
13	五氣	風	熱 （君火）	濕	燥	寒 （相火）
14	五官	眼	舌	身	鼻	耳
15	五臟	肝	心	脾	肺	腎
16	五腑	膽	小腸	胃	大腸	三焦膀胱

看了這個表，才知道我們每人的小天地，真是五花八門，多彩多姿，色香味俱佳的一具肉機器。

在這個巧妙的機器中，最玄妙的一樣東西，就是其中的氣。

氣功是什麼玩意兒

大家都聽到過氣功治病吧！真正的氣功的基礎是什麼？

原來學道家的人，早已發現六個字的重要性，實際上是六個音對人體器官健康的影響。

這六個音就是所謂的六氣：

噓、呬、呵、吹、呼、嘻。

那些修神仙的道家人士們，清晨的時候，面對東方，在生氣昇發的那段時刻，發出這六聲，引通體內的氣脈。

當發此六音，不是大聲吹叫，而是輕輕地，聲音的大小以自己可以聽見為準，一直練習，每次作到腹中無氣時為止。

用針灸治療無效的病人，採用這種氣功的治療，發現頗為有效，因此演變出了氣功治病或健身的方法。當然，方法並不如此簡單，另當別論。

音樂可以治病嗎

看見前面的表上五臟配合了五音，前兩次我們也說到了律呂（音樂）與五行內臟的關係，證明音樂與人體是有絕對的關聯的。

就拿西方的醫術來說吧，也早已證明了音樂對人類的影響，對動物的影響，在雞舍中放某種音樂，可使雞多下蛋，牧場中的音聲可影響到乳牛的產奶量。

說到我們人類，有些音樂使我們沉沉欲睡，有些會使青年人舞個不停。

所以西醫早已採用聲音的治療，而最早的中國醫書，時常提到的音色，也就是以音聲的方法治療病人。

至於道家，有時根本不用吃藥的方法，而用音聲使人身體好轉。

顏色對病人如何

根據五行與顏色的表明，至少由病人的顏色，可以判斷出他身體的病況，這一點是毫無疑問的。

再根據這個原則發展下去，顏色對人的影響就很大了，所以顏色與聲音一樣，都被用作醫療方面考慮的因素和方法，近代的西方醫學，也同樣注重顏色的治療。

由目前的實際現狀，我們也可以反過來證明，道家以音、色配合人身的器官，是絕對正確有理的。

青菜蘿蔔和本草

在前面五行的表上，有五味與內臟配合，提到五味，我們就要讀一讀《本草》（就是藥用植物）了。

根據此種可信的傳說，最初編的《神農本草》之中，只包括了七十多味藥品，經過歷代的研究，實驗增添，本草逐漸在增多，不僅是項目的擴大，而且是範圍的擴大，青菜蘿蔔、童便、人糞，統統都已進了本草的綱目之中。

明代的一位名醫李時珍，將各項藥品分類，重新編訂名為《本草綱目》，可說是一本最有價值的中醫藥物學。

誰認識「人」字

要說起醫學，真是一門了不起的大學問，幾乎要上通天文，下通地理，還要中通最要緊的一門學問——「人」。

先替「人」字看一看相。

左撇是陽，右撇是陰，一陰一陽構成了人。

再看看我們這些人，從人中以上，兩鼻孔、兩眼、兩耳，豈不就是坤卦嗎？

從人中以下，一張口，外加下體的另兩孔，就是三個陽爻，構成了乾卦。

所以人是地天泰卦，就是平衡的意思。

就算這個說法是一個笑話吧！要認識「人」的確不易，而要作一個醫生，最基本的條件是要認識「人」。

中醫的醫學有一個說法：「醫者意也」，要頭腦聰明，將呆板的原則，加以靈活的運用，才能對付靈活變動的「人」，所以，醫是智慧之學。

中醫的頭一步，瞭解病情，診斷病人，要由四個字入手。

望聞問切

這是誰都知道的，但這四個字到底包含些什麼？

■望——看相術

清朝有一個才氣縱橫的名醫，名叫陳修園，對於所謂「望」，有詩一首如下：

春夏秋冬長夏時　青黃赤白黑隨宜
左肝右肺形呈頰　心額腎頤鼻主脾
察位須知生者吉　審時若遇尅為悲
更於黯澤分新舊　隱隱微黃是癒期

這一首詩說明了由外表診視病人的原理與方法，就是說人的氣色可以與四季同樣，與顏色配合，以斷病情。面頰上左邊氣色灰暗表示肝有病，右邊灰暗是肺有病，如果心有病的話，額頭顏色必會反常，腎病表現在頤處，鼻子呈現了脾臟的毛病，如果各部位氣色與時序相合則佳，如果逢到尅制當然不吉，顏色的不佳則愈舊愈久則愈劣，如果面現微微的黃氣，則證明胃氣上昇，是病癒之兆。

所以所謂「望」，是用看相的方法，察究病人的病情，其中還包含了看舌苔等等，及一切眼睛可以觀察到的因素，來判斷病情。

■聞——聽病人的聲音

根據五行生剋，及五臟六腑的配合，用聲音判斷病人的情況。

肝病出怒聲，容易發脾氣，輕易動怒的病人，一定是肝有病；若常自喜笑，那麼他的病一定是偏重於心臟方面。

脾病則多思慮，除了一般過度用腦，神經有問題外，得病時，比平時思慮還多。

肺病憂悲愛哭泣。

腎病多呻吟，轉身彎腰起身坐下，渾身疼痛，常發哼唷之聲，必是腎病體弱。

實際上，從聲音分辨病情是頗為困難的，關於這方面以後還要作較詳細的說明。

■問——病人自己的感受

給病人看了相，注意到了病人聲音的變化，現在要問一問病人自身的情況，與自己的親身感受了。

關於問的範圍，陳修園也編好了要點：

一問寒熱二問汗　三問頭身四問便
五問飲食六問胸　七聾八渴俱當辨
九問舊病十問因　再兼脈要參機便

婦人尤必問經期　遲速閉崩皆可見
再添片言告兒科　天花痲疹虔占驗

由於這幾句要點，可知古代中醫的治療，對病人事先也要經過嚴密的審察，等於現在的全盤檢查，對「人」有具體徹底的瞭解，才好下診斷，所以中醫內科是全科的醫生，包括了小兒科、婦科等。

■切——診脈

診脈是最深奧的一門學問，事實上，這是需要長久及多方面的實驗，才能有所成就的，初學的人常從診豬狗開始，試一試沒有生命的脈，是怎麼一回事，再來摸有生命的脈，什麼豬呀狗呀，抓到了就要摸一摸它們的脈，其中的道理，陳修園有詩如下：

微茫指下最難知　條緒尋來悟治絲

三部分持成定法　八綱易見是良規
胃資水尅人根本　土具衡和脈委蛇
臟氣全憑生尅驗　天時且向逆從窺
陽為浮數形偏亢　陰則沉遲勢更卑
外感陰來非吉兆　內虛陽陷實堪悲
諸凡偏勝皆成病　忽變非常即弗醫
只此數言占必應　脈經補敘總支離

醫案的奇談

清代有個有名的醫生，被人稱為天醫星的葉天士，後來許多傳奇性的驚人醫案，大多都掛在他身上。

有一次，葉天士（按：有說是王肯堂）在路上見抬棺而過，棺下似沾有血漬，當時葉天士擋住，詢問棺內何人，得知是婦人因難產而死，葉天士立刻命其開棺，堅稱棺內之人未死，他可以救治。

在當時，開棺是椿大事，經葉天士全部負責始開棺。葉天士即用針灸法，在死者心口扎針治療，片刻嬰兒呱呱落地，產婦也有了活氣。

原來葉天士的判斷，產婦是一時昏厥，並非真死。

又有一天，葉天士正與友人下棋時，忽然跑來一個人，因老婆難產，痛苦呻吟，請葉天醫救命。

葉天醫即在棋盤上抓了一把銅錢，到產婦家去，進了大門，當即把銅錢往牆上一擲，嘩啦一聲，屋內的產婦正在苦痛時，大吃一驚，嬰兒也跟著呱呱落地了。

這真是天醫星，許多人詢問葉天士為什麼，葉天士說：人人都愛錢，死也要錢，活也要錢，小孩不下世，一聽到錢聲，馬上就來了。

這雖跡近笑話，但是葉天士可能是瞭解產婦的緊張，用聲音轉移注意力，難怪稱他為天醫了。

三指禪

在《禮記》中有一句話：「醫不三世，不服其藥。」許多人以為，這個醫家要三代作醫生，才能請他治病。其實這個三世，不是三代的意思，三世是指：（一）《黃帝內經》，（二）《神農本草》，（三）《太素》（脈理）。精通這三項，是作醫生的必備條件。所以，不通三世者，不能算是醫生，不能服其藥。

《太素》所講求的，完全是氣脈的問題，在宋、明以後，懂得《太素》的，稱為三指禪，不但在摸脈以後，能瞭解病人的病情，並且可以瞭解其人的窮通富貴。脈理真是一門玄而又玄的學問，難怪稱這些人為三指禪呢。

第五講

唯心與唯物之論

任何一種學說都有其哲學的基礎，中醫的醫理學當然也不例外。

有人說中醫醫理學是唯心之學，究竟醫理是否真是唯心之論，確是一個值得研究的問題。但中醫所謂的唯心是本體之心，是一種代號；而西方文化中的心，乃指思維冥想的作用。

實際上，中醫醫理是意識與生理作用結合為一元的意思，與西方的「唯心」不能混為一談。

至於西醫，則是真正的唯物。我們可以拿機器的測察人體為依據，而證明其唯物之基礎。

西方心理學的研究，往往先以猴子，或老鼠、狗作試驗，然而猴子與老鼠的心理，與人類的心理，恐怕尚有一段距離。

不論唯心也好，唯物也好，中醫也好，西醫也好，醫理學的本身，都是從受精後的形而下開始，對於生命的來源，形而上的本體，都未加瞭解。但是，生命的來源是最重要的，廿一世紀的醫學，必然是中西醫合流，也必定是要追尋形而上生命之根本的。

孫大夫和老虎

中國醫學史，在魏晉時期開始了新紀元，因為印度醫學、天文等於此時輸入中國，受了這種外來文化的影響，演變至唐代，印度醫學與道家醫學合流，滙成了醫學的新系統。

唐代前後有兩位大名醫，一是陶弘景，為梁武帝時人，又別稱之為山中宰相，山中的黑衣宰相。梁武帝初期，凡在政治遇到疑難大事，必定要向其請教。陶著有《本草經註》等醫書。

另一位大醫生便是唐代的道家孫真人孫思邈，他不但綜合了印度的醫學，並且還融會了阿拉伯的醫學。

傳說中，龍王曾變化為人，向孫大夫求醫。而最神妙的一樁傳說，是他在山中遇見老虎擋路的一幕。當時老虎張口示孫大夫，原來虎牙中夾了一根細骨，特來求醫的。他當即拿出鉗子，拔掉虎牙中之骨刺，自此之後，孫大夫來往就有老虎護衛了。

當然這件事有多少真實性，不得而知，但是有一點我們可以推測的，就是孫思邈一定是一位神奇的大國手無疑。

印度醫學的說法

《內經》的理論，把人體之構成，歸納為卅六因素。

印度的觀念，把人體分為地、水、火、風四大類。比如說，骨為地類，內分泌、血液等為水類，溫度為火類，呼吸為風類。

在這四大類之中，每大類有一百一十種病，四大類共有四百四十種病，比如傷風為風大類之病，癌症為地大類之病等。任何一種病皆促人致死，如久睡而累為睡病，坐久為坐病，所以人人隨時都在病中。

我們人的四大類，是不真實的，不會永遠存在的，這四大只不過是我們之所屬，而非我們之所有，四大皆空的觀念也是由此而形成的。

生命的構成

生命是如何構成的？

讓我們先看看兩千多年前印度的說法。

要有三個條件聚集在一起，才會形成新的生命，這三個條件是：卵子、精子和靈魂。

缺少任何一個因素，生命都不會構成，這叫作三緣和合。

生命構成之後，以七天為一個週期，經過三十八個七天，母體中風輪轉動，新生命就誕生了。

這個母體之中的風輪，就是中國醫學上所謂的「氣」，印度所謂的「風」。

與這種說法同時的，還有關於對一碗水中生命的觀念，就是釋迦牟尼所認為，一碗水中有八萬四千個生命的說法。

這種說法雖遠在二千多年以前，但是獲得了近代科學的證明，在顯微鏡下看到一碗水中的細菌生命，何止八萬四千。

孔子與釋迦的會議

提起了這個神秘的氣脈問題，使我們想到中國《易經》文化、埃及文化及印度文化的共同性。《易經》之七日來復，正符合了印度的佛學理論，使人感到，孔子與釋迦，在開始他們的學說宣揚之前，已在一起開過會議，商訂好了意見，然後再各自前往一處教化人民。

這當然是一個笑話，不過證明了人類冰河期的史前文化，早已達到了巔峰狀態。當前期人類毀滅之後，那極少數留下的人，以及高度發達的部分文化，又再輾轉延續罷了。

什麼是氣脈

提到氣脈二字，許多人都會認為那是一種筋，或者血管之類的東西。中醫所謂的十二經脈，確實是包括了有形的血管等等，在解剖學上來說，是肉眼可見的，人身具體的組織。

但是道家所謂的奇經八脈，與密宗所講求的三脈七輪，只是具有作用，而在人體解剖時，卻不見一物。

氣是無形而有質的，好像原子能的排列，如果拿眼前東西作比，就如生火時所冒的煙，這些煙也走一條路線，但並非在一定的管子中行進。

所以，多少年來，西方生理學，以及我們中國人，都認為氣脈是玄而又

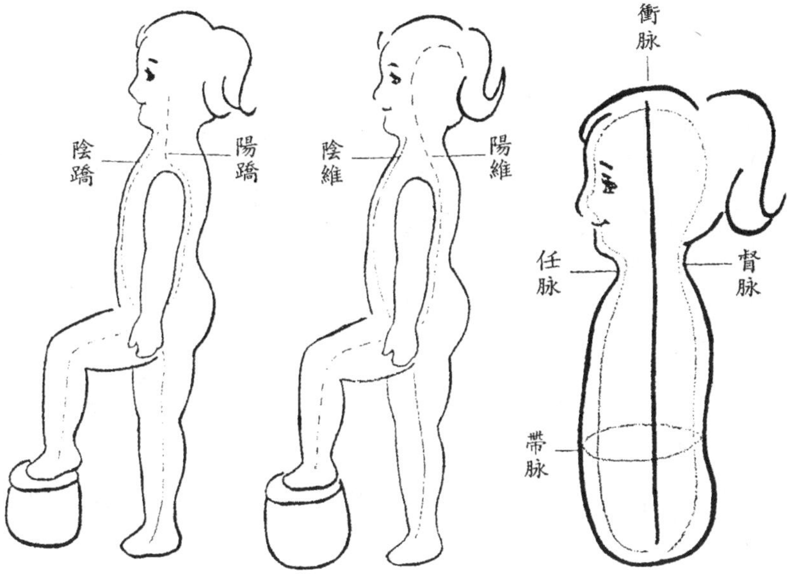

玄的玩意兒，原因就是為了氣脈是看不見的。

究竟這個看不見的氣脈是什麼？它既不是呼吸之息，也不是空氣中之大氣，但在活生生的生命中，卻證實了它的無上功能，影響重大。

也許我們可以勉強稱之謂：生命能吧！

奇經八脈

道家最重視的奇經八脈，就是：任、督、衝、帶、陰維、陽維、陰蹻、陽蹻。（如附圖）

為什麼稱它們為奇經八脉呢？

因為奇是數字的代號，在陰陽的觀點上來說，奇就是陽，因為此八脉影響著陽氣所走之路，故而稱為奇經八脉，所謂奇，並不是稀奇古怪的意思。

奇經八脉專管陽氣之路，這個系統，並不是十二經脈的系統，但奇經八脉卻輔助支配了十二經脈。

奇經八脉既司無形的精神，有人認為就是道家所謂的「精氣神」，這一點是有問題的。

但是中醫的理論，卻非常重視奇經八脉。

氣脉之爭

印度無奇經八脉及十二經脈之說，但在唐代傳進西藏的密宗，卻有另外關於氣脉的理論，就是三脉七輪。

在醫學的觀點上來說，氣脉就是氣脉，但在練氣功，及瑜珈術者的眼中，氣脉的問題非常重大，他們認為奇經八脉不夠精細完整，三脉七輪才是正確的說法。

至於我們的道家，又認為三脉七輪無啥稀奇，奇經八脉才正確。大家爭來吵去，也有千多年的時光了，不管誰是誰非，氣脉對於針灸關係太直接太密切了。前面簡略說過了奇經八脉，讓我們也將三脉七輪作一個介紹，大家再來判斷吧！

三脉是什麼

三脉是三條氣脉，即中脉、左脉及右脉。

最重要的一條為中脉，是藍色，似乎是在脊髓的中間，由頂下至海底。海底即肛門前的一片三角形地帶；密宗又稱之為生法宮，如果是女性的話，海底就是子宮。

在中脉的兩邊，有左脉及右脉，與中脉平行，距離約牛毛的十分之一。

左脉為紅色，右脉為白色。

左脉下通右睪丸，右脉下通左睪丸，女性則通子宮。

因為氣脉是交叉的，它的路線與神經有關，所以右邊病時則左邊痛；左邊病時右邊痛。

不要認為中脉有顏色，有距離，就認為三脉是肉眼可見的具體事物了，那是不正確的。

在生理解剖的觀點上來說，三脉是看不見的。只有在做靜定的工夫時，氣脉通了，自己才會見到它們。

七輪在哪裡

什麼是七輪？顧名思義，是七處與周圍有連帶關係的地方。

所謂七輪，就是：

頂輪、眉間輪、喉輪、心輪、臍輪、海底輪、梵穴輪。

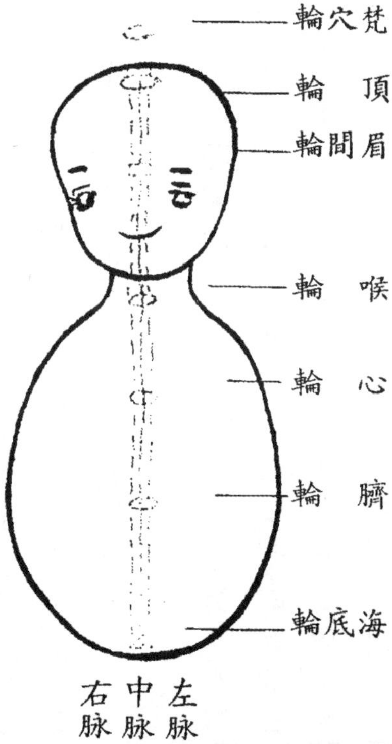

頂輪——從額頭的髮際開始，往後橫拼四指的距離處，就是頂輪的位置，也就是嬰兒幼小時會跳動的部位。以道家的說法，此處在封口以前為先天，那時嬰兒不會說話，但卻表情豐富，好像有說有笑的樣子，因為嬰兒還處在形而上的境界中，與以往的精神環境保持接觸。等到頂輪封口以後，嬰兒就會說話了，而開始進入了後天的生命。

此輪又名大樂輪，在靜坐未打通大樂輪以前，等於是受活罪，腿麻腳痠，一旦打通了頂輪，腦部氣輪充滿，其樂無比。

道家稱頭部為諸陽之首，像似有大樂，頂輪有三十二根氣脈，如雨傘一樣，由間腦向外分散。

眉間輪——在兩眉之間，印堂稍下的地方，稱為眉間輪。道家修神仙，練靜坐的人，在眉間輪氣脉打通後，就會有相似神通的境界，叫作眼通。真有天眼通的人，沒有任何物質的東西可以障礙到他的視野；換句話說，閉著眼睛，隔著牆壁，都可以清楚地看到外界的一切。

喉輪——由眉間輪向下，到喉結的地方，稱為喉輪，這裡一共有十六根氣脈，像倒轉的雨傘，接眉輪諸脈，包括到上胸部的食道及氣管，這個喉輪又名受用輪。依照印度治病的方法，注重氣脈治療，喉輪的十六脉若不乾淨，心中便難得安寧，煩惱多病，所以瑜珈術中有用白布清洗食道及胃部的辦法。四川治療瘧疾，也有用鮮的葛根，去皮後，以病人中指為一寸，由口腔通入食道及胃，瘧疾即癒。所以如能保持食道清潔，則可健康少病。我們喝了牛奶，在空杯子上，可以看到殘留的奶汁，牛奶尚且不過是流體而已，我們一日數餐，食道中髒亂的情形，也就同垃圾桶差不多了，焉能健康長壽。以個人的經驗，喉輪與胃壁極難保持清潔，惟一的辦法是少食。

心輪——神祕學者稱為法輪，此輪在肚臍上四寸（人身寸）的地方，共有八脉，也像雨傘一樣，向下分散。

臍輪——在臍輪的地方，是神經叢的中心，由此開始，向外分散六十四根脉，中間分散達到腰的四週，往上分散達到心輪，向下分散達腳跟。

海底輪——由臍分散的脉，接到海底輪，就是男性的會陰，臀下的三角地帶，女性的子宮口之上。

道家對生命的看法，男性一切生命的原動力，都在身體的下面，所以男性善立，如果兩膝有力而靈活，則是健康與長壽的象徵，男性年老時兩腿發軟，就不是好現象了。

至於女性的生命力，則在肚臍以上的部位，所以女子不善久立，而且走路搖曳生姿，就是因為下面沒有力量的緣故。

梵穴輪——前六輪都在人體之中，這第七輪，卻在人體之外。

在頂輪處四指之外的上方，離開了頭頂，就是梵穴輪的地方，在這裡，人體放射出光芒。這種說法，以前認為似乎有點荒誕不稽，但是近年的紅外線攝影，已可攝到人體放光的情形，而證實了梵穴輪的可能正確性。

據說，紅外線攝影，證明任何物體都可發光，植物自然也不例外。最妙的是，當我們離開了坐過的地方三小時後，紅外線攝影，仍可攝到我們殘留在那裡的放射光。

七天的變化

前面粗淺地介紹了氣脉的問題，現在談一談生命的入胎變化。

在卵子與精子結合，生命開始後，第一個七天，生成了督脉。上從間腦下達海底。第二個七天，生出左右兩眼，此後則每七天一個變化，到了三十八個七天後，嬰兒才會出世。

這也就是七日來復的道理，後天的生命、身心的變化，都是七天一個週期。如患傷寒症的病人，七天一個變化，要經過三七二十一天才會痊癒。

你的鼻子通不通

說了半天，各種氣脉問題，歸根結底一句話，奇經八脉與三脉七輪是並不衝突的。三脉中之中脉，就是衝脉，而道家所謂的左青龍（主血）右白虎（主氣），即三脉中之左右兩脉。

前面氣脉的介紹，等於陪同大家逛了一趟西藏及印度，簡單地看看這些人體神秘學的陳列。但是，最要緊的是我們能知道如何調整氣脉，將來有機會，也許再作專門的介紹。

如果醒時發現僅右鼻通時，就是稍有疾病的前奏，正常的人，白天左鼻通（陽），夜裡右邊通（陰），時間的計算是夜十一時起，到中午十一時算白天，過後則算夜間。

生命的來源問題

氣脉是根據什麼在生長？靠什麼在變化？是上帝的安排嗎？是菩薩的旨意嗎？抑是自然的現象？

這是生命來源的問題，醫理本來就是玄而又玄了，再加上生命的來源，就更是玄上加玄了。

生命的來源是醫理的哲學，醫理學引導著醫學，但哲學卻引導著醫理學，所以我們也不能不追索生命來源的問題了。

第六講

碧眼方瞳是神仙

上次說到三脉時，曾指出三脉的顏色，後來有許多人來問，不知這個顏色是否在人體解剖時可以看到，如果可以看到的話，那麼三脉就是一種神經或器官了，怎麼能說是無形呢？

現在我要鄭重告訴各位，在人體解剖時，三脉是絕對看不見的，所謂的三脉顏色，是修煉氣脉有成就的人，在定境中，自已反視到自已體內，所看到的顏色；中脉打通時，定境中呈出一種藍色等景象，道家有一句話：「碧眼方瞳是神仙」。

這就是說，修道有成就時，氣脉全通，兩眼藍色，眼瞳定而有力，發出方楞似的光芒。這句話並不證明，白種人的碧眼就是中脉已通，請大家不要誤會，因為道家是我們中國的產物。

易經六十四卦與七輪

在我們說到七輪時，曾提到每輪的脈數，心輪有八脈，喉輪則加倍，為十六脈，頂輪又加倍，為三十二脈，臍輪則為六十四脈。

這些脈上下雨傘形放射交接，形成葫蘆狀如圖。

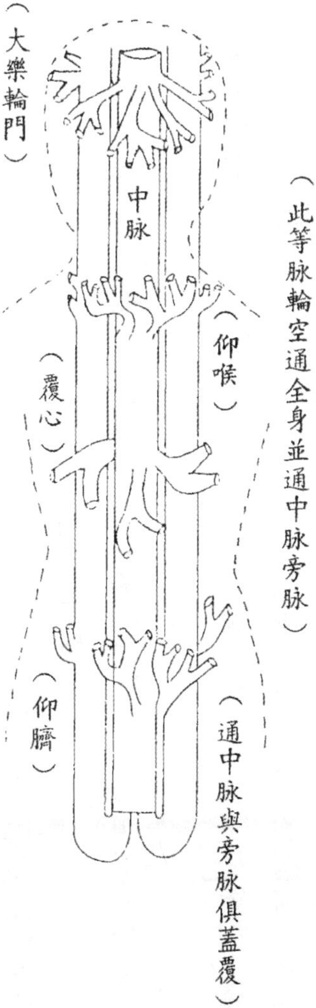

再看這些脉的數字，從八至六十四，與《易經》的由八卦演變成十六卦、三十二卦，以及六十四卦，恰好是同一原理。

《易經》是畫宇宙的現象而得，而七輪的法則，正說明了人體是一個小宇宙。

心輪的八脉，加上喉輪十六脉，加上頂輪的三十二脉，最後加上臍輪的六十四脉，一共合計得一百二十脉，配上地水火風四大類的病種，歸納出人體可能產生的疾病的類別與部位。

脈和脉

現在又說到中國奇經八脉的問題了。

「脈」字和「脉」字有沒有不同？這兩個字代表不同的意義。

但是中國古代的醫書上，都在通用，如果從氣脉的道理來講，一定要認識清楚。

「脈」：血脈之脈，代表著血管及神經。

「脉」是氣脉的意思，與血管神經有關，但並非相同。

《內經》一書中所談到的「脈」與「脉」，有時意義是相通的，其實，有的地方是講血脈，有的地方，卻是講氣脉的問題。

西洋近代文化，也有許多談論氣脉問題的理論和書籍，有許多稱之為超越的電磁波等等。

血是什麼

生活在廿世紀的我們，天天聽到高血壓呀，驗血呀，血糖呀，貧血呀，種種關於血的問題。

一個青年人，去看一個中醫老先生，聽到他說病人血不清的話，不免偷偷的暗自發笑，心中下了一個斷語，認為中醫太不科學，沒有經過檢查，就說什麼血清不清的問題。

其實，現代的人，都是把「血」作表面的解釋，認為就是血管中奔流的紅色東西而已。

但是中國古代的醫書上，「血」的真正含義是廣泛的。「血」包含了人體中各種的液體，除了血管中的血以外，所有的內分泌（荷爾蒙），人體內在的各種化合都包括在內，所以中醫的一句血不清，可能意味著內分泌不平衡。

因此，我們先要瞭解中醫學上「血」的含義，才能深入研究。

奇經八脉和十二經脈

奇經八脉為什麼如此重要呢？

在道家的經驗上來說，如果奇經八脉都暢通了，精神狀況便會達到一種超越的境界，就是：「精滿不思淫，氣滿不思食，神滿不思睡。」

奇經八脉如何才會打通？

在《黃帝內經》和道家的丹經裡，曾作過一個比喻，在十二經脈氣機充滿時候，才可能流溢分散到奇經八脉之路線中，就好像一條大河，或者水庫，漲滿之後，自會流到特置的溝渠之中，可是十二經脈的氣機如何才能充滿呢？這就要靠修持的工夫和成就了。

食氣者壽

許多道書以及《孔子家語》上也曾說過：食氣者壽。道家的說法是：「食肉者勇而悍，食穀者慧而夭，不食者神明而不死。」（另有不同說法）

許多人認為，愛吃牛肉的民族，是富於侵略性的。它是否也是根據道家的話，不得而知。而我們食五穀的人，雖然聰明智慧，難免多病而壽促。惟有不吃的人，才能長壽，那也是一件不可思議的事！

如此說來，我們還沒有長壽，豈不是先就要餓死了嗎？

其實，這個意思就是盡量少食而已，昨晚看見晚報上的一則科學新聞，說到西方醫學對於健康長壽的新理論，第一椿就是少食；卅歲以後尤應少吃脂肪及醣之類，他們的這種少食說法，道家在千年前就已經提倡了。可是，提到少食或不食，卻並非一件簡單的事，如果不知道運用氣脈的原理，不食是要命的事，道家的這句話，也是在說明氣脈的重要。

十年前，本人曾作賭徒式的試驗，一共有廿八天不食的經歷，這廿八天中只飲茶水，偶爾也吃一根香蕉。在這一次的體驗中，發覺最危險的時候是第三天到第四天。

在第三天不食時，精力衰落，氣力耗完的樣子，一定要躺下了。此時最重要的是，心情坦然，要運用一種氣功，充滿胃裡的氣，使胃壁不會發生摩擦而出血。

過了第四天，頭腦清醒，精神充沛，也許就有碧眼方瞳的意味。

但是廿八天中，意識習慣上的食慾卻是仍然存在的。

中國舊式的人家，時常有人把床的四腳放在活烏龜的殼上，以取靈龜長壽的吉祥。如果注意那些烏龜，幾十年不吃不喝，只是時常伸出頭來吸氣（也許同時吸食了空氣中的小蟲和微生物）；靈龜會自通任脈，據說千年的靈龜，就是食氣者壽的表徵。

不要被八卦所困

奇經八脉中的任督二脉在哪裡？我們常看到現代的武俠小說，隨處描寫著任督二脉，但是中國文化史上，最早提到任督二脉的，除了黃帝的《內經》外，就是《莊子》了。

《莊子・養生主》中庖丁解牛的寓言，便提到：「緣督以為經」，「中經首之會」。

可是《莊子》未提到任脉，有人說，《黃帝內經》實際上是戰國時代的文化，那時齊國的方士們，研究道家的傳統文化而編寫了《內經》，這樁考據的事，不在本題討論之內，但是它實在證明了醫學發展史是很有問題的。

道家認為任督二脉等於天地間之陰陽，說到這裡，我認為大家應該丟掉八卦的包袱，根據這一法則而另尋科學的途徑，因為氣脉與八卦的關係，是後人在唐、宋之間硬套上去的，如果中醫仍停留在八卦的圈子中打轉，就會變成前途有限，後患無窮了。因為學醫的人精通《易經》的象數已不容易，何況象數之學與醫學聯姻，有對有不對的地方，不能太過牽強。

星棋遍佈的八脉

看一看人體八脉的圖（參考第五講中「奇經八脉」一節），真像天空中的星斗，難怪道家稱人為一小天地了。但是，有關這一點，中醫與丹道家間理論並不完全聯繫。

八脉的督脉和任脉，都起自會陰（即是密宗所謂的生法宮），上至百會穴。如果八脉配合了針灸、氣功、點穴、按摩，聯合溝通，無疑是一門新的人體生命知識的寶藏。同時也可為醫學開一新的紀元。

督脉司氣的作用，影響支配著全部脊髓神經系統。

任脉司血的作用。

治療男性的病，以督脉為重，女子則以任脉為要。

衝脉即中脉。

帶脉在中間，對於女性最為重要，凡婦科的毛病，每與帶脉有關。

陽蹻及陰蹻，陽維及陰維司人體上下部與左右肢的功能，是交叉的。

子午流注和靈龜八法的節氣問題

這是針灸的兩種方法，與穴道及奇經八脉有關，而用天干地支的方法再加配合。

但是現在使用這種方法是非常有問題的，如果弄錯了，就很嚴重。

第一，就是現在所用的廿四節氣，是否有了偏差？

在最初曆法訂定廿四節氣時，確是非常準確的，中國是曆法、天文發達的國家，可是天體躔度的差異，星象方位不斷變化所產生的偏差，廿四節氣應常作校正，但是我們的廿四節氣和黃曆已經有幾百年沒有校正了，這些節氣，可能已偏了好多度，再以有問題的節氣作應用的標準，豈不是偏而又偏了嗎？

在埃及造金字塔的時候，當時塔中有一個洞眼，是正對著北斗星的，現在從那個洞眼向外看，根本看不到北斗星。原來北斗星都偏到很遠的側方了，宇宙天體的變遷真是不可思議，曆法不快點作校正，針灸再循不正確的節氣來應用，真是茲事體大了。

第二，使用干支開穴的方法，對每一個患者都用同一干支規則來推算，就值得研究了。這種計算的程式，是採用唐代星命學發展以後的方法，男女老幼，定命造化的年、月、日、時，各有不同，根據《內經》原理與星命學牽涉，每個人發病及其應好應壞的時期，也各有定數。假定這個原則是對的，那麼，診斷每一個人氣脈和開穴，勢必先要瞭解命理學（即星命學）才行。學醫兼通命理，可能嗎？有必要嗎？或者並非如此？實在需要重新研究，確定其原理與法則。

第三，只憑日干加地支，再加時支，完全不管廿四節氣和干支的關係，不管空間地區，不問來人的年齡等問題，是否完全恰當，實在值得作深入的研究！

現在國際上一般人都震驚於大陸地區醫學和針灸的發達。但是我看到過那些最新所整理的資料，還是不夠科學，還大有問題在。原因只是他們把幾千年來雜亂無章的醫理和實用，歸納成一種較為具體而有系統的法則，並無合於人體生理和自然物理的新發現。

至於應用的有效，那也是根據中國古人經驗的傳習而來，並非是他們有了特別新的發明。我們的中西醫學界，為什麼不團結一致，攜手合作來自求究竟呢？

以上的問題，先只提出問題的重點，等以後再作討論。

子午卯酉

道家為了打通任脈及督脈，先從打坐開始，以十二時辰的法則，配合著氣脈及八卦的形象，我們可以先看一看這個圖。

這個圖表示體內任督二脈，子的位置是會陰之處，也是任督二脈的起點，上達於午，就是百會穴。

卯時正當人體的夾脊之處。

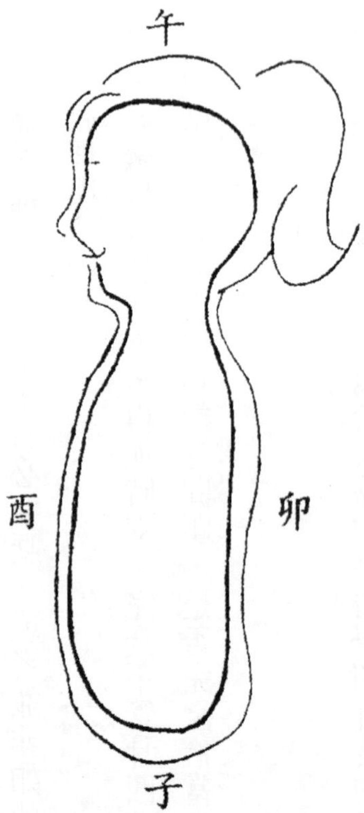

酉時，正是人體的丹田之處。

由於要修氣脈，打通氣脈，以達到返老還童的境界，道家就提出了子、午、卯、酉的問題。

之後，所有修氣的人，都固執於子、午、卯、酉四個時辰打坐的重要。事實上，能夠每日在子午卯酉打坐，當然確有效果，那是另有原因。

道家打坐更有一種說法，就是：子午溫養，卯酉沐浴。

所以有些打坐的人，依文解意，便在每天卯、酉兩個時辰必定要去洗澡，而忽略了子午卯酉四字，是在解釋打坐的天地法則，並非完全屬於刻板的定時作用。

道家的活子時

由子午卯酉來看，「子」的部位意義極為重大，那是一個生命原動力生法之宮，氣脈的發起之樞紐，所以說，這個子時是活的。

既然道家認為，人身是一個小天地，萬物各有一太極，那麼在本身的這個天地的系統中，也自有其自我的運行，與天地運行的法則，雖有大的關聯，但也有小我的自主能力。

在季節上來說，「子」代表十一月，是一陽初生的地雷復卦。

在人的生命上來說，陽代表著陽能，在陽能發動的時候，正是所謂活的子時，並不一定要合於天地法則固定的子時。

這才是本身小天地的運行起點。

一個男嬰孩，正睡在搖籃中，在他將醒未醒的一剎那，性器官忽然膨脹起來，恰為老子所謂：「未知牝牡之合而朘作」。

這個嬰兒既沒有性慾，也不知道男女之事，這正是他陽能發起的時候，也正是他自身系統中的活子時。

一個病人，只要還有生命活力的氣機存在，他也有活子時的徵候。不過，不全是以性器官作標準，而是以精神衰旺的週期性來推算的。

把握住了活子時的動力，使自己身心定住不生一念，陽氣才能上昇，這就是道家的修煉法則。

在人類長大成熟，一陽來復之時，也就是活子時的時候，都去追逐異性而放射，如果能趁機靜坐而昇華，回轉到督脈，及其道而行之，就成為煉精化氣了。

針灸與活子時

不論針灸與點穴，都注重氣脈的開合。

氣脈的開閉又是隨廿四節氣而變化的，這是一種為時頗久的理論。

但是，我們前面已經指出，曆法長久未經校正，日月星辰角度的偏差，使得舊有沿用數百年的廿四節氣，發生了值得懷疑的情況。

如果按照廿四節氣的天干地支針灸，或者是沒有配合氣候的法則，它會不會產生不良的後果，應該值得研究。

所以，針灸應在「活子時」上發展，道家的奇門遁甲學中有云：

陰陽順逆妙難窮　二至還鄉一九宮

若人識得陰陽理　天地都來一掌中

所謂二至就是冬至一陽生，夏至一陰生，一九就是後天卦的坎離二卦，也即子午的代表數字。

如果暫時丟棄了廿四節氣是可以的，但是四季的重要，卻要把握，春夏秋冬大氣象的變化影響，是不能拋棄的。

然後再把握住個人的活子時及奇經八脈的道理，研究出一套新的針灸法則，這可能是對人類真正重要及有意義的貢獻。

第七講

站在中國文化的立場上來說，目前的世界潮流趨勢，我們真應該很高興。站在中國醫藥發展的立場而言，我們更應該很興奮了。因為針灸在麻醉效果上的功用，已震動了世界。西方講求科學的醫藥界，都在熱衷地研究針灸，這不是我們的光榮嗎？

但是，我心中卻難過萬分，因為這些只是我們老祖宗的光榮，證明了我們有個了不起的祖先而已，至於我們自己又如何呢？到目前為止，實在毫無光榮可言。

我們要馬上用新的方法，在理論上創新醫學的基礎，將一切古老的干支問題，及勉強套在醫理上的《易經》八卦丟掉，醫學才能進步，才會有適合時代的創造和成就。

司馬遷在《史記》中就說過：「嘗竊觀陰陽之術，大祥而眾忌諱，使人拘而多所畏，然其序四時之大順，不可失也。」

大陸上的共黨，雖然也忙於整理中國的醫學，但是，他們也只是限於整理而已，整理出來的仍是老祖宗的東西，而積極的重新估價及計算的責任，卻落在我們的肩上。要想將中醫發揚光大，是要靠我們的努力了。

五星聯珠

要想批判是非，首先要瞭解事情的本身，所以，醫理的歷史發展和哲學基礎，一定要先弄清楚，才能談到保存和丟棄的問題。

在座之中有些朋友，表示對五行干支及六十花甲的問題，仍太模糊，希望能再加解釋，所以現在再花一點時間，來作補充的說明。

所謂五行是代表五星的輻射作用。

十天干是代表太陽系的物理系統，十二地支是地球與月亮的運行作用，天干地支是互相作用的。

干支的配合，成為六十花甲，這也是抽象的天文學。所謂抽象，意思是理論的天文學。

六十花甲成為一個段落，擴而大之，可以成為六百年、六千年。縮而小之，可以代表六十天，六十時辰。

在當時，六十花甲定為三個時期，共為一百八十年，分為上元、中元及下元。

干支的起源是黃帝時代，以黃帝即位時，定為甲子年甲子月甲子日甲子時。堯即位則為甲辰年。

據說，是黃帝命大撓造甲子，因為要以天文星象，來制定曆法的關係。甲子究竟是不是黃帝時制定的，抑是後人冒名而定，我們不來深究，重要的是，在黃帝時代的那一天，正好是天文中五星聯珠的時候。

到宋代趙匡胤時代，天空星象又呈現五星聯珠的狀況。據說，星象在五星聯珠時，在地球上的人文世界中，也象徵著學問的鼎盛，所以宋代的文風極旺。根據儒家的眼光來看文化史，宋代的許多成就都是了不起的，那個時代文才人士之多，也是創紀錄的。

漢代的京房先生

干支的問題到了漢代京房的手中，就起了變化。

漢代的人物與學風，在歷史上是劃時代的，那時不但陰陽五行，天干、地支及曆法達到了最興盛蓬勃的時期，就連醫學也是高潮和有成就的階段。

京房，這位專精理論天文的先生，大概覺得這一切曆法上的問題，諸如五行、干支等，太雜亂了，所以把它們作了一個整理，統統歸納到一起，納入《易經》學理的系統，後人稱之為納甲。

因為漢代的醫學非常昌明，陰陽家的學說也非常發達，京房先生這一套納甲理論，也就自然而然的搬進醫學的領域中去了。

到了宋代邵康節，就總其成著了《皇極經世》，更為包羅萬象，充分發揚了。

宋元時代的醫學

現在言歸正傳，再來談醫學的問題。

宋、元時代的一位大醫師，名叫「滑壽」者，認為《內經》中的十二經脈，應再增加包括任督二脉，而成為十四經脈。

在宋、元時代，中醫是中國史最燦爛光輝的時代，所謂子午流注，及靈龜八法，都是那個時代的傑作。

當時，更有金元四大家，即四大學派，影響了元、明、清三代的醫學。

在這些學派之中，有一派是以治脾、胃經為主，認為不論什麼病，都應該先治理脾、胃，把胃強健起來，其他的毛病才能診治。

另有一派是以治腎經為主，他們的理論是水火既濟的道理（腎屬水）。

總之，這個時代醫學有建樹的原因，是因為醫學融合道家學說，已經有了實際的施證成效。所以，滑壽大師才倡言道家任督二脉的重要，甚至要將任督二脉加入《內經》的十二經脈中，這也是醫學的創新，是醫學的發揚。

火神爺附子湯

說到各學派治病的方法，聯想到了醫生見仁見智的問題。就拿附子這味藥來說吧！許多醫生與病人，不敢輕易使用這味藥，因為它的毒氣頗重，一不小心就會鬧出人命。

在抗戰時到達四川後，遇見了一位有名的中醫，外號叫火神爺。這位火神爺家中常年不斷地煮著一大鍋附子湯，誰都可以喝上一碗。對於這一椿醫案，我內心常感不解，到了峨嵋山，才因廟中僧人喝附子湯而有所契悟。

原來峨嵋中峰大坪寺的開山祖師，當年初建山上寺廟時，受過許多困苦，在他饑寒交迫時，常在山中採集烏頭來吃，烏頭也就是附子。後來山上的僧眾相沿成習，每年規定一日，全體僧人停食，只喝附子湯，以紀念開山祖師的艱苦奮鬥。

當大家喝附子湯的這日子來臨時，附子早已入鍋煮一晝夜又多了，所以大家年年都喝附子湯，但也沒有死過一個人。於是我才恍然大悟，經過久煮的附子，可能毒性早已揮發殆盡，剩下的是增加熱能的成分了，難怪火神爺家的附子湯大鍋，也是日夜不停地在沸騰著。

當然，這是屬於藥物學及化學的範圍，我們只能提起注意，這一切都正待進一步科學的研究才是中醫學的正途。

一天呼吸多少次

《內經》及《難經》上說：一吸走脈三寸，一呼又走三寸。一呼一吸為一息，一息之間，脈走六寸。一晝夜，人呼吸一萬三千五百息，脈走五十度。

每二百七十息時，脈走三十六丈二尺。

一晝夜，脈共走八百一十丈。

漏水下百刻，陰陽走二十五度。

我們看了這些寸、度、丈、息，沒有人不糊塗，更不知道這種度量衡是什麼標準。

暫且置之不理，再來看一看西方的科學計算，這也許是我們能夠瞭解的。

每分鐘每人平均呼吸十八次。

普通人脈搏的跳動，每分鐘平均七十五次。

廿四小時呼吸二萬五千九百廿次。

太陽經過二萬五千九百二十年，完成一次週期輪轉。我們先把中西兩方面作一個比較來看。

《內經》觀點：廿四小時呼吸二萬七千次。

西方觀點：廿四小時呼吸二萬五千九百廿次。

相差約一千次，也許男女有別，或者今古人體力也有差別，那麼這個相差數字等於並不存在。

再看西方說法中的一點，認為人的一晝夜呼吸，與太陽的週期輪轉是一樣的數字。

這意味著什麼？

這證明了道家的學說，認為人體是一個小宇宙，將一晝夜的週期擴而大之，就是太陽的運行週期。

由此看來，中西的論調是不謀而合的。也可以說，既然是真理，外國話也好，中國話也好，說的都是一個東西。

所以，中西的文化是可以溝通，其實，它們本來也就是溝通的。

一九七二年四月份的《人文世界》雜誌上，登載了一篇翻譯的文章，題目是「月亮與疾病」。這雖是一篇外國的文章，但我深深相信，這個理論是由中國道家的學說中轉輸到西方的，因為對這方面知識，我們中國的道家實在早已有了。

兩個宇宙

說來說去，又要回到氣脉的問題。學醫的人，不但要懂氣脉，更要懂得神秘學。

比如說，干支與潮汐有關，這是因為月亮影響著潮汐，如果我們再仔細注意一下，就會發現同樣的日子，同樣的干支，但在浙江與廣東、東北與福建潮汐的時間仍有差別。因此，把這些有時間差別的干支，刻板地應用到人體上，是絕對有問題的。

況且，人與人各有不同，也可以說，每人自成一個自己的法則與天地，把這些不同的人，和不同的法則，都套入宇宙的大法則中，豈有不發生偏差的道理！

如果勉強套用《易經》八卦，來對付全體病人的理論，正是中醫的一大缺點；他們總認為如不搬出《易經》八卦和天干地支，好像中醫就沒有理論根據似的。

點穴和氣脈

為什麼在談醫理的時候，提到武林拳術的點穴之道呢？原來點穴是與氣脈有關係的。

點穴起於宋、元，在那個時期以前，是沒有點穴這樁事的，這一點已足以說明點穴是與奇經八脈的針灸有關的事了。

道家與醫學的觀點，認為氣血的運行，以氣為主。而氣血的運行，與時間和人體部位，都有著極密切的關聯。

外灸也是依照氣脈運行的時間及部位而配合，所以說針灸與點穴，相互間也是有關聯的。不過，點穴的計時，卻自成一個系統罷了。

點穴所講求的氣血流注，與針灸的子午流注和靈龜八法，是相同的道理。點穴的道理大可供針灸替代麻醉方面的參考，下面是關於點穴的口訣，有關氣血運行時位：

欲知氣血注何經　子膽丑肝肺至寅
大腸胃主卯辰真　脾巳心午未小腸
若問膀胱腎絡焦　申酉戌亥是本根
子踝丑腰寅在目　卯面辰頭巳手足
午胸未腹申心中　酉脾戌頭亥踝續
（地支）
甲頭乙喉丙到肩　丁心戊腹己背連
庚辛膝部正當位　壬胸癸足總相連
（天干）

氣脉穴道的求證

許多人都在懷疑，氣脉既然是解剖學上看不見的東西，從前的道家與醫家，怎麼會發現並且證明它的確有其事呢？

說到這裡，就不能不談到一位殘酷的帝王了。

南朝宋廢帝是個好奇心很重，秉性又極端殘酷的皇帝。有一天，他指著一個孕婦，考問兩位醫生，要他們說胎中的嬰兒是男是女。

一個醫生說是一個男嬰，另一個醫生說是雙胞胎。

為了證明誰對誰錯，廢帝竟然不能等到孕婦十月臨盆，立刻下令用針穴法，使孕婦流產。

流產的嬰兒，果然是雙胞胎，廢帝認為另一位判斷不準的醫生，醫術不高明，加以刑罰。

宋廢帝一下子害了三條命，真是殘酷到了極點，不過由這件事可以證明，穴道及氣脉的真實性。

事實上，在廢帝以前，氣脉的研究和證明都已存在了，那時是利用犯人，在他們活著時作解剖，在生命仍然存在的時候，看到氣脉的運行。

元初的宰相耶律楚材，是個精通道家、佛家以及一切學問的人，他也曾在戰場上，將垂死的人，作氣脉的研究，那是出於戰士的要求，渴望早死的情形下而作的，並不是像廢帝那樣的殘忍無道。中國古代穴道圖的銅人，實完成在元代。

所以，氣脉與穴道的學問，是在真正的「生」理學上完成實驗的工作。不像近代的醫學，是在人死後才做解剖，這種近代的生理學，實在可以說是死理學。

再說活子時

我們在前面已經談到過，廿四節氣的偏差問題，所以用宇宙法則來作醫治的準繩，是值得重新商榷的，天干地支與地區的偏差也是一個問題，所以先要把八卦與干支請出醫學的範圍。

如果採用每人自身小天地的法則，來作醫療的話，醫生必須要懂得陰陽五行，與病人的八字。換言之，醫生需要會算命，先算了病人的命，才能再診斷下藥。

這個方法似乎也是難以辦到的事。

只有採用道家活子時的學理，方能創造中醫的新境界。

人身既可以脫離宇宙的法則，則活子時的方法，正是以病人為主，利用自身氣脈的運行而對症治療。

中國古老的拔火罐的方法，是由「砭」治中脫胎而來，現在正被日本改進使用，稱為淨血治療、真空治療。這種方法，如配合了穴道及針灸，一定也可以在治療上邁進新境界。

道家與醫學的配合，實在非常偉大，道家云：

月盈虧　應精神之衰旺
日出沒　合榮衛之寒溫

把握了這個原則，儘可大膽採用活子時的法則了。

當然，要發揚這個法則，還須要大家集思廣益去努力，而且必須要在道家與密宗的氣脈之學中尋求其原理。

第八講

提到中國文化的問題，往往會發現，古老登峰造極的傑作，不是黃帝就是伏羲。總之，都是託古人之名以顯出學問的價值。這種情況與今日的社會恰恰相反，今日的許多著作和我們一樣，都是文抄公，東抄古人，西抄今人，湊起來就是自己的著作了。

黃帝的《內經》，實際上是許多人的心血，許多人研究成就的集錦。雖然是託了黃帝之名，但是其成就卻是不容忽視的。

話雖如此，《黃帝內經》所涉及的醫理哲學問題，仍然有許多值得懷疑及重新估價的地方，甚至可以說，基本上是有些問題的。

你聽過精神講話嗎

精神講話，是我們現代教育上的專有名辭，本人也曾經擔任過精神講話的課目。

黃帝的《內經》中，也談到了「精神魂魄」這四個字。

這個精神到底是什麼呢？難道是精神講話的精神？

什麼是精？什麼是神？

什麼是魂？什麼是魄？

在《內經》中，這些名辭都另有定義。但是根據《內經》的說法，我們也不能把精神下個具體的定義，更難將魂魄作一個明確的註解。

在《內經》中，我們可以瞭解：

五臟屬陰，是藏精氣神的地方。

六腑屬陽，是藏質體的所在。

但是精神究竟是什麼，仍然無法得知，只好借用老子的話，「恍兮惚兮」。

中國古代醫理的形而上學，是唯心的，是屬於天人合一，本體論的範圍。《內經》是偏重於形而下的應用，所以對形而上與精神魂魄問題，無法有圓滿解說，結果就變成「恍兮惚兮」了。

如果發展形而上的基本研究，醫學可以達到一種偉大的新境界。就是由自我心理治療，進而超越生理現象，這才是基本的重要問題。

上藥三品精氣神

道家有一本重要的書，名叫《黃庭經》。

晉朝的王羲之，是有名的書法大家，他曾親寫《黃庭經》，可見《黃庭經》在人心目中的份量。

《黃庭經》內提到了精、氣、神的問題。

究竟什麼是精氣神？什麼是精？什麼是氣？什麼又是神？這個精又到底是不是精神的精呢？

這似乎愈說愈複雜了，就好像奇經八脉中的氣血問題，也是語焉不詳，互相借用，怪只怪那時候的字彙太少了，因此顯得曖昧不明。

如果用今天的複雜字彙，勉強借來描寫一下，那麼所謂的「精氣神」就好像現在人們心中的「光熱力」。

把一個死去的人解剖，既無精，又無氣，更無神。當然光、熱、力也不存在。

所謂氣，是一種生命能。

所謂精，是一種生命力。

所謂神，就是一種生命之光了。

但請大家千萬不要誤會，這種說法只不過是一種比喻的解釋，使我們比較接近明瞭而已。

陰陽怪氣

在醫書上說，五臟屬陰，但陰中卻有一點真陽；這個陰中之陽，就是「火」。

六腑是陽，同樣的，在陽中也有一點真陰，這個陰就是「水」。

所以道家的書上說，男人是陰，其中只有一點是至陽之氣，女人是陽，其中有一點是至陰之精。（按：南師在其他地方有不同說法）

這是乾卦初爻變陰成為姤卦，以及坤卦初爻變陽成為復卦的原理。

道家以離卦☲為心，以坎卦☵為腎。

離中虛，坎中滿，以坎中之陽，填離中之虛，變為純陽。

這樣又說了許多陰陰陽陽，陽而陰，陰中陽，把人搞得糊糊塗塗，糊中塗，塗中又糊，簡直莫名其妙到了極點。

但是不論誰陰誰陽，只要把握到一陽來復的道理，貫通精氣神治療法則就行了。道家藥物學中的水火丸、坎離丹，也都是這個道理。

腎不是腰子

去看中醫的時候，往往會聽到「腎虧」啦！要補一補「腎」才行啦！使病人聯想到豬肉架上掛的一對腰子。炒腰花真好吃，這一對腰花，正是生理解剖上所說的腎臟。但是中醫與道家所說的「腎」，絕對不是單指那一對腰子。中醫的「腎」是指人體的副腎、分泌腺、性神經，以及丹田內外與下部機能有關的總稱。

如果將「腎」比腰子，那真是一錯三千里了。

心在何處

摸一下自己胸膛的左邊，噗通噗通的在跳，這不正是我們跳動的心房嗎！

電視上一位美麗的歌星在唱了：「我的心裡只有你沒有他……」這個只有你沒有他的「心」，是不是剛才噗通噗通在跳的那個「心」呢？

當然不是，這一點我們都知道。

所以道與醫的「心」好像表示的是思想，古人所謂的「心」能思想，也就是「思想」和能思想的意思。

一個人思想多了會心痛，受感動了心也會痛。

這卻並不是真的「心」在痛，而是胃的上部一點的地方「任脈」的位置，「膻中」受了氣的震動，而脉在動了，使你覺得心痛，證明思想也是影響著心臟的。

你常失眠嗎

一個人太多思慮的話，上火。

一個人太用腦筋的話，胃出毛病。

思想影響了心臟，心屬火，所以上火。胃是土，火太多，影響了土，所以胃出毛病。這也是西方醫學承認的原理。

太勞累了，腎虧，而造成心腎不交的狀況，就是心的活動能力，與腎的活動能力，都在衰竭，而不能互通連繫，發生了中斷現象，這就是心腎不交。

年紀大了，多憂慮，體力差，就容易變成心腎不交的狀態，心腎不交就會失眠。

看見那些年輕人，既不會憂愁明天的事，體力又充沛之極，心腎常交，當然就貪睡了。

年輕人多愁善感，當然也會造成心腎不交。

心腎不交，要用坎水來解，才能達到水火既濟的狀態。

那麼什麼又是坎水呢？

如果能將思想及精神，放在絕對安靜與平穩的狀態，就是坎水發生的意思，這是道家的理論。

神祕的間腦

前幾次提到的任督二脈，雖然是無形的氣脈，但是仍有其所循的途徑。督脈從子午卯酉圖（參考第六講中「子午卯酉」一節）上的子處開始，也是人身的下部海底，經過背部上達間腦，再到上口腔。

任脈由舌尖開始下行，經胸腹至下部，與督脈會。

如此來看，督脈等於是脊髓神經的系統，而任脈則為自律神經的系統。任督二脈與十二經脈的道理並不一樣。

督脈所通達的間腦，許多神祕學派對它有極高的評價，認為保持人類的青春，純是間腦的作用。

有些學派又說：間腦是與人類的神通有關的，如果間腦的氣脈打通了，可以聽人所聽不到的，看人所看不見的。

總之，間腦是在督脉上通時所達到的地方，氣脉能夠影響到它的作用。

又說活子時

道家所謂的後天生命是從「子」時開始，懂得了精氣神的道理，能夠靈活運用個人的活子時，則把握自己的健康是絕對沒有問題的。這一點幾乎可以絕對保證。

你以為知道了活子時就可以容易的把握住了嗎？如果你真如此想，那就未免太輕率了，因為把握活子時是極難的一樁工夫。

基本的困難在於我們難於控制自己的心念，在前面提到坎水時，曾經提到平靜心念，但是心念是最難平靜的，不能平靜心念，如何在活子時上努力呢！

道家的「煉精化氣，煉氣化神，煉神還虛。」這一套工夫說要十二、三年完成，事實上廿年也沒有人完成，基本的原因，是我們的意馬心猿，不能平靜下來。

找你自己的活子時

把握活子時誠屬不易。先說一說活子時在什麼時候，讓我們都找到自己的活子時再說。

如果是個幼兒，很容易看到，我們前面已提到過，當他的性器官膨脹時，就是活子時外露的現象。那時如果測驗一下他的腦波，一定會有不同的變化。

如果是青年人，在活子時，一定向異性情愛方面發展。這些都是容易知道的，所以，那時如不把握活子時的生命力，來震動任督的氣脈上昇，生命力即轉進入十二經脈，化成後天的慾了。

但是一個老年人，他們已經沒有性的衝動，難道就沒有活子時了嗎？

只要一息尚存，每個人都有自己的活子時，當一個老人，在將醒未醒的一刻，似乎要睜開眼睛時，那正是他的活子時。

在這個時候，不要睜眼，繼續保持那朦朧混沌的恍恍惚惚的狀態，好似燜了一鍋紅燒肉，再多燜一會兒，那個肉味就更濃厚了。

這就是把握老年人活子時的方法，老朋友們，快點試一試吧！

午時茶

當我們疲勞不堪，氣脉不通，頭昏腦脹，昏昏沉沉的時候，頂好喝碗午時茶（並非中醫店裡製成的午時茶）。

人到了「午」時，正是「子」時的對方，處於和「子」時相反的狀態。

這也是夏至一陰生，生命到了衰敗的時候。

在這個時候，千萬要注意溫養，不可強迫自己再堅持五分鐘，也許不到五分鐘，拉滿的弦就會斷了。

所謂溫養，就是保持的意思。子午溫養，卯酉沐浴。

莊子所說齋心，就是沐浴的意思，是把心境洗清，把心中的雜念洗淨。

中年以上的人都已到了「午」時，要趕快從「午」起修，先修回「子」時。

從抽象的理論來講，等於說從形而上開始，修到形而下，不像年輕人，是從形而下開始，修向形而上。

老年人的五反和養生

老年人如何恢復他們的生命力呢？

有人說，老年人與普通人相比，有五種相反的情況：

（1）睡在床上睡不著，坐在椅子上反而睡著了。

（2）哭時沒有眼淚，笑時眼淚出來了。

（3）大聲說話聽不見，小聲罵他時倒聽見了。
（4）年代愈久的事愈記得清，昨天的事反而記不住。
（5）性行為的能力沒有了，情愛的慾望反而高。
不要以為人到了老年，想要恢復生命力就沒有希望了，這是絕對不確實的。

老年人可以從注意間腦部分著手引發，如果腦下垂體沒有萎縮，內分泌仍可照常，則從打坐開啟活子時的努力，希望仍是很大的。

說起打坐來，使我們想到一幅名畫，畫的是一個老和尚在打坐。那個打坐的老和尚，勾著頭，駝著背，一幅似坐似睡的飄飄然狀態，實在藝術極了。

可是真的打坐，如果弄成這個樣子就慘了。

打坐的正確姿態是正直而自然鬆弛的，就是我們平常坐著的姿勢，也要正直，才能使間腦得到休息。

如何學通奇經八脉和十二經脈

要解答這個問題，實在有點困難。學氣脉的人，總離不了看圖、看書。但書能看得懂嗎？的確不太容易。

古代的大醫師是如何學通的呢？

原來他們都先在道家的學問中求證，個個都是懂道的人物，然後再以自己作為實驗的對象，經過一段摸索實證，對醫術才有把握。

說到古代道學的試驗，對女性來說卻是欠缺的，一切道書及醫書，都是以男性為目標，這也是男性中心社會的缺點。

為此，我們探索這些學識時，要特別注意女性的問題，女性是由任脉開始的，不像男性是以督脉開始。女性氣脉由任脉向頭面上行。

學習了解氣脉的人，在學習體驗過程中，可以感覺到自己氣脉的流通，如果一連工作幾天沒有睡覺，自會感到頭昏腦脹，不能支持，這時如能按摩督脉，使氣下行，再導引至下肢，頭脹立刻消失。

或者採用觀想的方法，假想氣脉倒轉逆行，廿四或卅六圈後，人也可以寧靜下來了。

學劍不成　看花

說了許多的道話及醫話，使我想起少年時代的一樁事，那時我們看到了許多劍仙俠客的故事，一心想學劍。

後來聽說杭州西湖城隍山有一個道人是劍仙，就萬分決心的去求道學劍了。經過多次拜訪，終於見到了這位仙風道骨的長者。

但是他不承認有道，更不承認是劍仙，又經過許久的談話，他對我說：欲要學劍，先回家去練手腕劈刺一百天，練好後再在一間黑屋中，點一支香，用手執劍用腕力將香劈開成兩片，香頭不熄，然後再……

聽他如此說來，心想劈一輩子，也不一定能學會劍，至於劍仙，更加當不成了，只好放棄不學。

道人反問會不會看花，當然會看，這不是多餘一問嗎？

「不然」，道人說，「普通人看花，聚精會神，將自己的精氣神，都傾瀉到花上去了，會看花的人，只是半虛著眼，似似乎乎的，反將花的精氣神，吸收到自己身中來了。」

吸收了一切的植物花草的生力，藉著煉神成氣，還精返本，這就是道人語重心長的修道法。

朋友們，快學看花吧！

第九講

上次我們講到精氣神的問題，精氣神與奇經八脉有關，年紀大的人，可以用這種方法達到自救、健康、返老還童的狀態。

關於這方面，我們又要提到道家的修法。

人老原來有藥醫

宋明時代有兩位道家的權威，宋代的張紫陽，元末明初的張三丰。另有一位是張三峰，字音相同，但張三丰在丹道和太極拳上有偉大的成就，並且有一系列「無根樹」詞的名作。

中國有歷史性兩個最大的道家寺院，一為北平的白雲觀，一為四川成都的青羊宮。

青羊宮有張三丰親自寫的《無根樹》詞之石碑，字體都作圓形，別有仙氣，事實上那是否真為張三丰所寫，當然無法考證，不過《無根樹》詞確實為道家修煉的方法，其中涉及老人的修法如下：

無根樹　花正微　樹老重新接嫩枝
梅寄柳　桑接梨　傳與修真作樣兒
自古神仙栽接法　人老原來有藥醫

許多左道旁門，不深究此詞的真意，都將這闋詞的意思，解釋為男女雙修，這是很錯誤的。

人老了等於樹老了，所謂用栽接法恢復活力，是藉著宇宙間其他的力量，來培養衰微的活力，而達到充實自己生命力的目的。

這就是所謂精氣神的利用，也就是利用宇宙間的光能，將神轉回為氣。

如何藉花修我

上次我們曾經提到看花的故事。

不要以為這是一個笑話，實際上也是樹老重新接嫩枝的意思。

一個人在看花的時候，將眼中的光能，向後腦收回，這種力量，可以刺激腦下垂體的均衡。

保持著這種均衡休息的狀態，一個人可以感覺到自己的呼吸漸漸由粗而細，最後達到似乎停止的狀態。

這時，抓住了活子時，也就可達一陽來復之境，自身生命的元氣，就在發動了。

所謂「梅寄柳」、「桑接梨」，也就是由宇宙間借來的一種力量，製造成了活子時的生命生發之力。

近代的醫學證明，腎上腺、性腺荷爾蒙與精有關聯，但與腦下垂體也有絕對的關係。

借用宇宙的光能，燃起了自己生命的活力，這不就是栽接法嗎？莊子的「與天地精神相往來」，正是這個道理。

所以，何必斤斤計較於看花呢？看樹、看草、看虛無的天空，甚至看一堆牛糞，不都是藉以接到天地間的光能嗎？

重要的關鍵不是看什麼東西，而是怎麼樣看才能收到栽接的效果。

光 神 靈魂

藉著天地間的光能，可以引發一個人的活子時，這個光能，具備特殊意義，與精氣神的「神」也有著密切的關係。

《黃帝內經》中關於「神」的問題，絕不是宗教上的神。目前的西方醫學，都致力在研究，如何用光能來治療疾病。但是所謂「神」的問題，卻仍在靈魂學及神秘學的範圍之中打轉。

如果有一天，西方靈魂學的研究，能藉科學試驗而得到成功與證實，則科學也將進入新的紀元。

那一天如果到來，則唯物論就被徹底推翻了，所謂各派宗教的定義，也必將面臨重新改寫的局勢。

超越的冥想治療

大家看到美國的報紙雜誌，常常刊載美國人對靜坐的研究及狂熱。在美國大行其道的靜坐，稱為超越的冥想，這是瑜珈的靜坐方法。這種超越的冥想，科學上已有證明，能使人消耗氧氣量下降，所以，要進入太空的話，學學靜坐是很有用的。

超越的冥想應用到醫學上，就是所謂的冬眠治療。

當醫生發現，一切的醫藥對某個病人都無效時，冬眠治療則被採用治療病人。

所謂冬眠治療，是將這個病人推入一間特定的冬眠治療房間，為期三天或更多天，進入這間房間後，病人即進入冬眠了。

其實關於氣功治病，以及所謂冬眠治療，都是中國道家的東西，如果再與針灸配合發展，前途不可限量。

頭和神

人的身體分為三部，分別代表了精氣神。神的主要在頭部，氣的主要在胸部，精的主要在下部。

按照《無根樹》的說法，人是無根的。人真是無根嗎？不，人的根在上面，在人身所代表的，腦部是神，人的根卻從腦部上行，入於虛空。

所以人的根是在虛空之中，也是神識的根。

在針灸的原理上來說，頭為諸陽之首，是最重要的地方，也代表了

「神」。

兩條腿的重要

人體的下肢多麼偉大，真是不可想像。嬰兒睡在搖籃裡，不停地在舉著他的兩腿，左右上下的搖動著，像舞蹈一樣，但卻從來不知道累。

《內經》中提到，嬰兒的氣是在兩腿。人到了中年，兩腿的力量就減弱了，腿的活動也無形中減少了，喜歡坐在沙發上，常常休息自己的兩腿。

到了老年，更不堪設想，坐在沙發還不夠，兩條腿還要蹺在桌子上才行，因為人體是從腳下面開始衰老的，人的死也是逐漸進行的，由腳開始而上行。

在佛學的唯識理論中，談到了「識」、「暖」、「壽」是一體的，人體的冷觸一旦開始，漸漸就變為麻痺。

所以，一個人的兩腿無力，就是衰老的開始，換言之，如果一個老人，兩腿依然發暖，兩腿仍然有力，就證明是長壽的現象。

鬼神的氣魄

孔子在《易經・繫傳》中說：「精氣為物，遊魂為變，是故知鬼神之情狀。」

關於魂魄的問題，我們常聽到人們在說：某人有沒有魄力，某人氣魄夠不夠大！

這不是有活力與否的意思嗎？其中含有氣與精的要點與因素。

再由一個「鬼」字來說，一切由「田」字開始。田字向下發展，上面戴上歪帽就是一個鬼字。

「神」字是從一開始，一為天，一之上加一，下面垂象三畫就是象徵天象的垂示。右加上下通達的中字，便是神字，神表示上下通達之意。

這就是說，依據天象的垂示，通達上下左右是為神。

在人的活力充滿時為之「氣」，氣動則變為「神」。用「神」的方法，呼吸往來，使身體充滿了氣，氣是生命之能，就能轉化為神了。

浩然之氣

大家都知道孟子的話：養吾浩然之氣。古來談養氣的人真是不少，莊子、列子，都談過養氣，莊子所說的，人能養氣，成為真人，等於說，不懂養氣的人都是假人，至少是白活了。

夜氣是什麼？那正是子時，一陽來復的時候，夜靜如水，那時的宇宙浩然之氣，充滿在天地之間，對養氣的人來說，多麼的重要。

有經驗的人，可以藉著鼻子的嗅覺，判斷時間的變化。譬如說，在古時夜裡行路，沒有鐘錶，有些人可以努力嗅一下空氣，便知道是什麼時刻。因為天地的變化，反應在氣的味道上，自有其共同之處。

大鼻孔的好處

看相的書上有一句話，鼻孔大見孫不見子。這就是說，鼻孔大的人長壽，往往活得比兒子還久，所以見孫不見子。鼻孔大小是與氣有關的，瑜珈術中有特別訓練鼻孔者，就是訓練氣功的道理。

在訓練氣的進出時，注意吸氣的時候要細、要長、要慢，小腹收縮，這時氣都進入了十二經脈。

出氣時要快、要急、要猛。

普通訓練的方法，是上半天作左鼻呼吸，下半天作右鼻呼吸，用手指按住另一鼻孔。

久之用丹田呼吸，自己可以體會到針灸的穴道地位。

這裡所談瑜珈的練氣，及氣功的練氣，都是空氣之氣，並非精氣神之氣。

氣功治療肺病的方法

現在的肺病已不是難題了，藥的種類太多，治療的方法更多。

但是在以往的歲月裡，肺病是麻煩的事，這裡介紹的一個氣功治療，曾經治癒了不少的肺病患者。

將右手握拳，大拇指豎起，放在背後兩肩胛骨下端的高度，在脊骨中心點。

左手握拳平置肚臍上。

這時開始用鼻孔的肌肉聞氣，聞之有聲，就好像聞到一樣好吃的菜，要多聞一下似的。

這樣閩氣，一連六次，再口吐「呸」音，將氣呼出。

如此繼續作下去，一連卅六次（六吸一呸為一次），即渾身通暢，甚至汗出。

如果原來呼吸不暢通的人，經過卅六次的呼吸練習，即得鼻孔暢通無礙。

如果是肺病患者，不能以站立的姿態來作氣功的話，可以躺在床上試作，效果也是一樣的。

精的困惑

在中國上古的時候，所重視的是「神」，中古時代，所重視的是「氣」，而在宋元以後，最重視的是「精」。

不幸的是，宋元以後所講的精，卻違反了原來的意義，而成為男子之精液及女子的卵臟，使精的含義變為狹義而且表面化了。

宋以後的說法：「四象五行皆藉土，九宮八卦不離壬」。

實際上，精血包括了荷爾蒙及維他命的內分泌系統，精從腳下生，腳下湧泉穴通會陰穴（又稱虛危穴，是星座名）是精開始的生發部位。

由下向上，到了海底穴，是生命能的基點，這個基點，多數人一生未能發動，如果能夠發動的話，絕對可返老還童，而且海底之氣發動後，人可以經常保持愉快，碰見不愉快的事情也不受影響。

這是生命的單元，與宇宙的法則相同。

第十講

中國醫學思想理論，是中國傘形文化的一枝，而這個中國傘形文化的傘頂，就是《易經》的文化。

中國的一切，被困在這個傘形文化之中。

既然整個的文化都受著深深的困頓，醫學方面自然也不例外，事實上，醫學所受的困頓最深。困頓中國文化的，第一是陰陽思想，第二是五行和天干、地支。

説陰道陽

談到中國思想的由來，不免又使人想到陰陽的問題。

事實上，在中國文化的發展領域中，陰陽完全屬於另外一個系統，到了春秋戰國時代才綜合起來，而加上一個家字，就有了所謂陰陽家的出現，這是司馬遷的整理，而成為名正言順。

從上古文化開始，處處都談到陰陽的問題，但是，說陰道陽的人雖多，他們的意義是否是一個，則大成問題。

我可以說，孔子筆下的陰陽，與老子口中的陰陽絕對不是一回事，也不是一個東西。

這個意思就好像，《大學》《中庸》不能代表孔子思想是一個道理，因為這是孔子門人所著，並非孔子所著。

也好像是，老子口中的「道」，與《孫子兵法》中的「道」，以及道家心目中的「道」，都不是一樣的「道」。

孔子的陰陽

先說孔子筆下的陰陽吧！

不論《易經・繫傳》是否孔子所著，其中提到了陰陽思想：「一陰一陽之謂道，繼之者善也，成之者性也」。

孔子所說的一陰一陽，是形而下的法則問題，這種形而下的法則，是一種不可變的定理。

孔子所說善是什麼？性又是什麼？後來連禪宗的明心見性，也是借用了孔子的這個性字。

孔子又說：「生生之謂易，成象之謂乾，效法之謂坤，極數知來之謂占，通變之謂事，陰陽不測之謂神」。

在孔子這幾句話中所提到的陰陽，很明顯的是宇宙的本體，與「一陰一陽之謂道」中之陰陽，也完全不是一樁事。

有人曾問我，這個陰陽是什麼，我的回答是：能陰能陽非陰陽之所能。

在〈說卦傳〉中，孔子又說：「昔者聖人之作《易》也，將以順性命之理，是以立天之道，曰陰與陽，立地之道，曰柔與剛，立人之道，曰仁與義」。

在這一段中，我們可以瞭解到，所謂陰陽，純為一種抽象的符號，這個陰陽的道理，可以應用到任何的事件與學問上去。

在物理世界之中，以動靜作符號，代替了陰陽，在地球上則以剛柔為代表，而人文方面則是仁義的道理。統而稱之，都可算是陰陽之理。

所以說，單以孔子所提到的陰陽而論，所代表的都不是相同的意義，更何況其他的陰陽。

老子與太極圖

老子在《道德經》中說：「道生一，一生二」。

這個所謂的二，似乎是陰陽，這是形而上的道，也是根據《易經》的原理而產生的。

再看一看下面這句話：「萬物負陰而抱陽」。於是一幅陰陽的太極圖出現了，大家提到中國文化，就想到了這一幅太極陰陽圖，認為是中國文化的根源。

細察文化的歷史，太極圖是在唐以後才有的，而所謂萬物負陰而抱陽的這幅太極陰陽圖，老子連影子也沒有見過啊！

中醫內經的陰陽

在《內經》醫理中，無處不是陰陽，但是這些陰陽雜說，沒有經過整理，可說是一篇雜混在一起的陰陽說法，使人有迷糊不清之感。

醫學的大系統，不論中西，不外乎下列數種：呼吸系統，消化系統，神經系統，感官系統，皮膚系統，骨骼系統，內分泌系統。

在醫學日趨發達的今日，中醫及西醫已呈現了合流的趨勢，西醫方面由於科學的快速進步，缺乏綜合的意義，更嫌分枝太多，有左耳一科右耳一科之嘆；而中醫又嫌太過籠統，牙痛也是陰陽欠調和，眼紅也是陰火旺的那一套陰陰陽陽。

陰陽在中醫中的意義有七個方面：氣候、地質、呼吸、氣脉、身心、組織、治療。現在分述如後。

（一）氣候的陰陽

這是天象的範圍，地球上的四季區分，是中醫最重視的問題。因為氣候列入了陰陽的範圍，北方就是屬陽，而南方變成屬陰了。有一種說法，認為北水不清，南方的水才清，也是陰陽的道理。

在天平的兩端，將同等重量的木炭及泥土，各繫一端試驗，在冬至一陽生時，木炭就重了，而在夏至一陰生時，泥土就重了些，這也算是與陰陽有關的事。

由於這種現象，說明了風雨晦明的氣象變化，產生了溫度濕度的變異，深深影響了病情的發展。

但是由氣候而講到病理，是很令人困擾的事。由病理再牽扯到陰陽，更是大可不必。

（二）地質陰陽

這是風土的問題，地質土壤，影響了植物的生長，間接也影響了當地居民的體質和抵抗力。

由於寒溫暑濕，當然也產生了陰陽。

在北方生長居住的人，患了傷風，都有某些習慣治療的方法，但是到了臺灣之後，昔日的老方法都不生效了，問問臺灣的朋友吧，原來他們吃鳳梨治傷風，吃楊桃治咳嗽，這就是地質的問題。

（三）呼吸陰陽

呼吸也有陰陽嗎？真妙！左鼻是陽，右鼻是陰，信不信由你。

反正未學瑜珈術及道家方法的人，左右兩鼻很難暢通，這裡所說的暢通有一定的方法，就是用手按住一個鼻孔，只用另一個鼻孔，盡量吸氣，到極限時，急速呼出。如此交互呼吸，而沒有鼻水滴出，才算暢通。

如果兩鼻暢通，表示身體健康，頭腦清爽，精神愉悅，這是毫無問題的。

在中醫的說法，是虛實表裡，就好像一根軟的水管子，沒有水時，管子是虛的；有水時是實的，也是以陰陽區分。

呼吸的陰陽道理，與氣候及地質陰陽來比喻，與宇宙的法則是同樣的道理，只不過是將這個法則應用到人體罷了；到了人體之後，它的時間與現象，只與宇宙的法則略有不同而已。

（四）氣脈陰陽

中醫在診脈的時候，用浮沉遲數來表示。究竟什麼是浮？什麼是沉？什麼是遲？什麼又是數？只有臨床經驗很多的醫生，才能體會到此中的道理。

有了浮沉遲數，就表現出了其病情上陰陽的道理，這些病理的說法，也都在醫經中與其他的陰陽之理籠統共講。

（五）身心陰陽

這是中醫的哲學部分。在中醫的醫理上來說，醫是身心並重的，要兼顧到陰陽的兩面，就是身心兩面，因為病起的原因，與治療的方法，都與身心有關。

甚至，雖然有病的是我們的身體，但是心理的因素卻佔百分之七十，而生理只佔百分之三十。

如果一個醫生能給病人安全感的話，已經治了一部份的病了，所以，中醫的醫理，心理是重於生理的。

（六）組織陰陽

人的全身器官，都是以陰陽來代表的，頭為陽，腎為陰等等。

十二經脈也有陰陽。與《易經》的說法一樣，這些經脈都呈交叉的現象，所以會發生左邊病醫右邊，右邊病醫左邊的情況。

（七）治療陰陽

這部份主要的是藥物問題，以及一砭二針三灸四湯藥的道理。說起來藥物，實在比醫理更加有趣，因為按照中醫學的說法，每一種藥都有它的陰陽兩種特性。就拿藥性較猛的大黃和附子來說吧：少吃一點大黃，就有瀉的作用，但是，將一斤大黃熬成藥膏，服後不但不會瀉肚子，反而會造成便秘的現象。

這是物極必反的道理，就是所謂陰極則陽生，陽極則陰生了。前幾次談到過附子這味藥，道理也是一樣的。

如果以針灸來說的話，大家都知道，有些病人天生是暈針的體質，如果一針下去病人暈了過去，在另外還陽的穴道來上一針，病人馬上就好了，這也是陰陽的治療方法。

綜論陰陽

關於陰陽的問題，有本名為《易緯稽覽圖》的書，其中說：「降陽為風，降陰為雨……是故陽還其風必暴，陰還其雨亦暴。降陽之風動不鳴條，降陰之雨潤不破塊」。

這些都是以陰陽來說明氣象的變化。

醫理及治療方面的陰陽，仔細研究一下它們所代表的意義，就可得到一個清晰的輪廓。

所謂陰陽的道理，實際上就是一種交互作用，處處顧及到陰陽，也就是求其均衡，以達到中和、協調的互相作用而已。

在某些方面來說，比如經脈的問題，所謂陰陽兼顧，也不過是一種傳導的作用。再拿感冒來說，也就是一種傳導的傳染而已。

如能丟掉陰陽的包袱，而用具體並且容易瞭解的方式來作系統化的說法，不是更好嗎！

第十一講

前一兩次講到陰陽理論及干支的問題，引起了有些朋友們的意見。現在我要聲明的是，我們這個題目的研究，是偏重於理論醫學，涉及到西方醫學與中醫醫學的文化交流；再以中國哲學的立場及觀點，期望新的醫學理論能有所創立。

至於在中醫的實際應用方面，諸位之中不乏高明有經驗的人士，所以也不在本題目研究範圍之內。

最近聽到美國方面的報告及消息，針灸大行其道，但是，雖然熱烈，其中卻暗含隱憂，因為把針灸視為萬靈丹，也是不正確的觀念。

相對論和陰陽

談到醫理，應該屬於抽象科學之哲學。說明在宇宙的萬事萬物之中，有一種相等的對衡均衡作用。

譬如說，有向心力則有離心力，有陰則有陽，這就是陰陽觀念的產生。許多人把《易經》的對等和變化，與愛因斯坦的相對論列入相同並論的範圍，實際上這是很不正確的。

我也不懂相對論，我相信把《易經》比作相對論的人，也不一定瞭解相對論。所以說，看到街上的原子理髮店，並不表示與原子真有相同之處。

陰陽的道理，上次我們談了很多，事實上陰陽的道理就是理論物理的東西，應用到人體而已，而理論物理的發展，也已進入了哲學的領域。

追溯人類的文化史，埃及、希臘、阿拉伯、印度及中國，這五大系統的文化是極為相同的。

所以，中國的八卦和陰陽的說法，也許是一個劫數中，人類冰河時期文化的遺留，在冰河期人類文化極高度的發展後，遭到毀滅，殘餘的一部份結晶，就在不同的地區蔓延滋長起來。

既然認清了陰陽的本身意義，只不過是對等均衡力量的消長，那麼捨棄了陰陽二字，又有什麼關係呢！

司馬遷和五行醫理

說過了陰陽，再來說一說五行。五行的發展與《易經》是完全不同的，五行是西北高原的文化，沿黃河發展下來，純屬中國北部的文化系統。就好似我們提到了孔孟，知道是周代魯國的思想，而老莊思想則是南方的楚國文化。

五行的原理，最初是應用在天文上，與醫學是毫不相干的，研究一下司馬遷的《史記》，就可以證明。

司馬遷的真正學問，在他所著的八書之中，其中〈律書〉〈曆書〉〈天官書〉等，都是述說人類生命與宇宙法則的關係。

在司馬遷的《史記》之中，最重視的是：〈游俠列傳〉（俠義的行為），〈貨殖列傳〉（經濟問題），〈日者列傳〉〈龜策列傳〉（卜卦）。

太史公司馬遷，是一個天文官，精通五行陰陽，但在《史記》中記述了漢武帝嫁女選吉日的事，因各家說法不一，最後由武帝圈定。而在卜卦中所視為靈龜的觀念，司馬遷也指出了南方有人吃龜肉之事等等，似乎說明了這一切都有理，但是這些理也並非是絕對的。

不過，遍閱《史記》，卻找不到五行陰陽與醫的關係，看來司馬遷對醫的態度，只是承認醫的需要，但卻並未尊重醫學，亦不重視醫學，不認為醫學是一門了不起的學問。

既然在《史記》中，找不到陰陽五行與醫學的關係，再來看魏晉時代的情況。

因為兩漢時代過於重視陰陽五行，對文化造成極端的困擾，到了魏晉時代，產生了玄學，這種談玄的風氣，完全是對五行陰陽的反抗才產生的。這個反抗的潮流，演變到了唐代，才算使文化稍稍脫離陰陽五行的羈絆。

戰國的陰陽家們，將原來應用在天文上的五行，轉而應用到醫學上，在那個時候，醫學已有相當完備的理論體系。像後來的華佗這樣的大醫師，都是由研究醫術而追索到哲學的範圍，再由哲學而返回應用的醫學技術。

陰陽家將五行陰陽的道理，套在已經很為發達的醫學上面，形成喧賓奪主之勢。實際上，醫學的理論並不是根據五行而發明的，所以我再三提出丟棄陰陽五行之牢困，也是根據這個基本的道理。

醫理學的本身，具有高深的理論基礎，在針藥、氣功等各方面，以及時間與空間的重要性和相互關係，都是要兼顧的。明白了這種原理，絕對不需要用五行的法則來束縛醫學的應用，相反的，我們對於把五行勉強應用在醫學上，要在下面提出些疑問。

五行和五臟

五行配合人體的五臟，所產生的五行生尅，使我們發生疑問。首先木是春天，五臟之中主肝。凡是春天的病，難道都是肝臟的問題嗎？

秋天是金，金又主肺，可是秋天所患的病，也不可能儘是肺病。

五行和人體方位

這是來自《易經》象數的一門學說，如果應用到人體上也是大有疑問的。因為把一個判斷方位的羅盤，置入人體是不準確的，對醫學上來說，更是毫無價值可言。

如果說方位對人體真有些關係的話，那只能說是地域的方位，住在北方的人，與住在南方的人，病情變化是不一樣的。

我一向主張冬天可以吃冰的、冷的，而夏天卻要喝熱茶，不願吃冰淇淋。

許多人讚揚中國人能適應環境，也是與懂得方位有些關係。

五行和五味

苦味入心，酸味入肝，甘甜入脾，辛辣入肺，鹹入腎。藥多半都是苦的，難道都是治心病的嗎？

山西人最喜吃醋和酸的，他們的肝臟是否比其他省的人不同呢？川貴一帶的人嗜食辣椒，但我相信，他們的肺病患者，在比例上也不是最高的。

這些都是五味配合五行生尅方面的疑問。

八卦代表五臟之謬

有些醫學方面的人士，因為略微通曉了些《易經》八卦的道理，就把八卦搬到了人體之內。

八卦進了人體，震卦就是肝臟。僅以震卦所代表的肝臟為例子來說，已經是大大的牽強附會了。

震卦是雷，在《易經》的八卦上來說，雷共有八種，地雷復，雷天大壯，風雷益，山雷頤，天雷无妄，火雷噬嗑，雷地豫，雷風恆，而其現象更有十四種之多。

以這種複雜的現象，來代表肝臟，豈不是自找麻煩嗎！如果相信這些後套上的道理，無疑的，對醫學都是大阻礙。

病與夢

我曾經有幾次親身經歷大醫師的診療經過，說給大家作為參考。一次是戰時軍中，部下有人患重病，那時偏僻地區請醫很不方便，後來請來了一個極高明的醫生，診脈開方後，告訴我們，吃了這個藥下去，兩小時後有什麼現象，四小時後又如何，等等，如果一切如此發展，則明天拿藥方來改即可。後服藥下去，病情發展一如所料，兩副藥後病就好了。

另一次我幼年時候，害了重病，醫生就是我曾學醫的老師，服藥後，醫生堅決要守夜，果然在半夜時候，我難過極了，又大吐起來，後來病癒後詢之，師云，預料半夜會大吐，怕家人驚慌，又不確定病人會難過到何種程度，故而留下守夜以觀發展，求得經驗。

又一次，友人患傷寒，請了大醫師，服白虎湯後，夜中夢見鬼，嚇出一身大汗，病即痊癒。

我說這幾個實例，證明了醫理的傳變作用，醫生多由經驗中獲得，而醫理中很重要的，還有一種心理因素，應加強注意。

說到飲白虎湯做夢的事，引起了夢的研究問題，許多研究夢的人，認為夢與病是有關係的。

中國的文化中，談到夢的問題的人很多，《黃帝內經》中提到夢的病學，《列子》中，更有解夢篇。

至於西方的文化中，對於夢境也很注重，有性心理學說夢，有醫理學的說夢等等。

這些夢境與疾病以及病理的關聯，說起來不外乎心理的因素，心理與生理是互為因果的，互相影響的，列入醫理的範圍，自然是很合理的事。

至於陰陽八卦和五行，只能在抽象的觀念上，以及理論上，保持著一種說法，但在醫學的應用方面，絕對不應該應用這些原理來束縛醫學。

第十二講

中醫醫理的學問，只顧及到病，而沒有注意到人能思想，人能發生情感及意識的問題。在這方面來說，西方的醫學可能也差不多。

事實上，醫學應該追究意識思想從何而來，儘管科學已達到了對太空的發展，但對於這個問題，卻無法回答。

德 氣 神 精 魂 魄 心識

原始的醫理，除了陰陽五行之外，將思想意識方面的問題歸納為：德、氣、神、精、魂、魄、心識等類。這些與哲學以及生物、心理都有關係。

何謂德？《內經》上說：「天之在我者德也」，德者得也，就是成果的意思，在《內經》上來解釋，有生命就是德。這個德用在道德方面是秦漢以後的事，在傳統的醫學上，卻只是得的意思。

何謂氣？「地之在我者氣也」，氣是體內活動的氣，地球上的生命，好像是活的一種生命之能。

何謂精？「德流氣薄而生者也，故生之來謂之精」，男女雙方與生殖有關之分泌是為精。

何謂神？「兩精相搏謂之神」，兩精相搏成為神。此神既非宗教方面之神，亦非道家所謂之神，乃是生命之神。神既是自身的生命，如生命完結則神亦不存在了。這個意思不像儒釋道方面對神的觀念，認為離開肉體生命之外有神，儒釋道這種對神的觀念，在中醫醫理之中是找不到的。

何謂魂？「隨神往來者謂之魂」，跟著神往來者是為魂，如此說來，魂並非神。

何謂魄？「並精而出入者謂之魄」，跟精出入者是為魄。

何謂心識？「所以任物者謂之心，心有所憶謂之意，意之所存謂之志，因志而存變謂之思，因思而遠慕謂之慮，因慮而處物謂之智」。

看看這種說法，其中毫無陰陽五行，仔細研究其內容，似乎不成系統，本身互相矛盾，至於人類之思慮如何而來，則仍不得而知。所以這種說法只能算是模稜兩可的不徹底的，使學者難以明瞭。

情感和五臟

《中庸》上說：「喜怒哀樂之未發謂之中」。

一般人都認為這個所謂喜怒哀樂，再加上愛惡欲共為七情，是一種純粹的心理現象，如果心理能夠平靜，就是得道了。

這種說法和想法是絕對錯誤的，因為《中庸》上所說的情，並非心理部份，而是生理的問題。

有些人有週期性的情緒不佳，有些人悲觀煩悶等，他們的心中知道自己情緒不佳，也很願意丟掉悲觀煩悶，但是卻無法克服，因為這是生理上內臟的影響所造成，並非心理的問題。

所以在《禮記》上論到性情，指性為能思想者，指情為內臟，就是這個道理。

心理配合生理治療

《內經》上提到情緒的問題，談論頗多，主要的是說人的情緒影響病情極大。「喜樂者，神憚散而不藏；愁憂者，氣閉塞而不行；盛怒者，迷惑而不治；恐懼者，神蕩憚而不收」。

《內經》上又說到心神的關係，「心怵惕思慮則傷神，神傷則恐懼自失。破皮脫肉，毛悴色夭，死於冬」，如憂慮則傷神，人自然會變瘦，顏色乾枯，病重者冬天死。

說到冬天死，就涉及到五行生尅的道理，據醫師的註解，因為心理作用影響生理，使人消瘦，心屬火，冬天屬水，故至冬天火受水尅而亡。

所以許多的醫療是用心理的方法，這一點又要說到清朝的名醫葉天士了。

有一天葉大醫師的女兒後頸長了一個對口瘡，不能開刀，疼痛啼哭，葉天士就對她說，不要哭，過七天後，你的腿上還要長一個瘡，比現在的更大更痛。

他的女兒聽到，不免天天看著腿上那個地方，久之血液集中，果然出了毛病，原來的瘡反而好了，葉天士就把腿上的瘡開刀治療，這是心理作用轉移法，就是心理配合生理的治療。

悲哀的肝

前面說過情緒是五臟所影響，如果一個天生悲觀的人，在醫學的理論上來說，認為此人的肝不太健康，至少他的肝多少有點兒問題。

如果不是天生悲觀的人，但因為一時某種的影響，導致悲哀，又不知自拔，久而久之會產生一種陰縮的現象。所謂陰縮，是指性的方面發生冷感現象，以及性器官的萎縮，另一方面，陰氣亦呈萎縮，臉色隨之發生變化。

肝在五行上屬木，如果肝出了毛病，嚴重致死的時間是秋天，因為秋季屬金，金尅木之故也。

肝的不健全或者有病，常會表現在一個人情緒狂妄之上，也就是說思想言語有擴大欠真的情況，歸納為魂受傷，會導致精神病症。

所以，從一個人的情緒，即可判斷他的病症，知道了病人的病，也就可以判斷他的命運了，這就是以往所謂的，能醫能卜的道理。

肝是營養血的，血又營養神魂，如果肝氣虛的話則膽小，肝氣壯則膽大。

肝氣有時會呈現不舒通的現象，稱為肝氣實，在這個時候，此人容易發氣，所以看到火氣大的人，就知道他的肝氣不通順，俗話說肝火旺就是根據這個道理。

喜樂的肺

有人主張每天大笑三聲，增加健康，因為大笑的時候肺部開張。道家也是主張喜樂的，因為笑是陽明的性質，道家有一句話：「神仙無別法，只生歡喜不生愁」。

常常朗聲大笑的人，大概肺部健康沒有問題，如果有了口乾，胸悶的感覺，就是肺氣不通的現象。

喜樂固然增加了肺的健康，但是如果喜樂過度，也不是好事，那時人的魄會受到傷害，發生了突然的變化，甚至這個人的意志也會突然改變，就說他是樂極生悲吧！

如果肺有問題的話，肺屬金，到了夏天火旺的季節，病情就會惡化。

愛哭的心和昏厥的腎

心是人體中很重要的器官，一個人如果有個健康的心，也許不會使人感覺到他的特異。

中醫的醫理，偏重於氣脈的道理，如果心氣太衰的話，也會造成人的悲觀情緒。

如果看到一個人太過於愛笑，不要認為是樂觀的表現，這是因為他的心氣過於實而造成的反常狀態，所以要從樂觀、愛笑中分別是健康是病態，倒也不是簡單的事。

另外一個重要的器官腎臟，是管經脈的作用，如果腎氣太虛，易發生昏厥的現象，如果腎氣太實，則五臟都呈現不安的情況。

盛怒不休的人，除了傷害自己的意志外，對於腎臟也有極重大的傷害。

如果腎有了重病，腰也變硬了，病人常死於夏天，因為水火不能既濟之故也。

意志堅強的脾

脾和胃在五行都是屬土，是黃色。不要小看了脾，人的意志是否堅強是受脾的影響，如果憂愁長久，脾會受傷，意志跟著也變得薄弱起來。

脾虛的話，四肢軟弱，好像用不上力一樣；如果過實的話，則呈現小便不利的現象。

脾既係屬土，在它受傷過深時，四肢就變成不能動彈的狀況，有了這種狀況，病人可能死於春，因為春天是木，木剋土之故也。

脾有了問題，也會發生失眠的現象，這時候吃些黃花菜（即金針菜）燒肉就可以治療失眠，因為黃花菜是黃色，有補養脾胃的作用。

心理影響生理

中醫醫理強調心理作用的重要，認為精神變化對於生理病理影響的重大性。所以在〈養生篇〉之中多著重於平時個性的修養，這些都是屬於心理方面的健康，有了心理的健康，才能促進或改進生理的健康。

一個人要保持樂觀，少發怒，一怒不但傷肝，又傷脾傷腎，可說傷了所有的內臟。

憂鬱也是在慢性的摧傷五臟。這些都是可從平日的修養中可以努力改善的。

恐懼也是極端不妙的，所以從前的家庭教育中，注重不使幼兒受驚，以免生理上受損。

恐懼可傷精，可以造成脫的現象，這個脫字包括了大小便以及脫精。一般人常說的一句話，嚇得屁滾尿流，就是脫的道理。

物極必反

研究中醫實在麻煩，原因就是有關醫理及經驗的學說和記載沒有經過系統的歸納和整理。舉例幾種藥物如下：

川芎這味藥屬陰，有通筋活血之效，具有活動筋血的功用，可是生前多吃川芎的人，死後卻發現此人的筋都斷了。（註：川芎：溫辛，歸肝、膽、心包經，活血行氣，祛風止痛）

道家的人喜吃硫黃丸，認為有鬆軟骨骼的功用，可是多吃硫黃丸，在他死後骨骼鬆了，一捏就碎。

羌活這味藥屬陽，可以治頭痛，可是許多頭痛的人，吃了羌活反而會更頭痛，因為羌活是上行的緣故。

像這些有關藥物的實際記載，並未在醫書中發現，而是偶然閱讀宋人筆記時所看到，所以說，研究中醫不簡單就是這個道理。

五臟的構成影響個性

在醫學的觀點上，五臟的構成人與人都不是相同的，就和人心不同各如其面的道理一樣。因為構成不同，而造成每人意志、個性、精神都是不同的。關於這方面，需要科學進一步的證明，現在不敢斷言，僅將醫學上觀點介紹如後：

心臟大者，憂不能傷，易感邪氣，即血循環力強，其人膽大，衝勁大，皮膚的紋理較粗。

心臟位置較高者，粗心大意，心高氣傲難以進言。

心臟位置較下者，易傷於風寒，易於進言，也容易受騙。

心臟小者，易滿足，易安但多憂，皮膚帶赤色，皮膚紋理細。

第十三講

有許多聽眾朋友提出要求，希望把《易經》的「河圖」「洛書」加以解說，並將河洛法則與醫藥的關係，能夠作成圖表給大家研究參考。關於後一項，待製妥後再發表。現在先將「河圖」「洛書」向大家作初步的解說。

何謂河圖洛書

河圖洛書是中國文化史上頗為玄妙的兩個圖。相傳在伏羲（大禹）時代，從黃河中出來了一匹馬，在這匹馬的背上，有一種圖案，這個圖即為「河圖」。

後來到了殷商的時代，在河南省的洛水，又出來了一隻大龜，背上也有一種圖案，稱之為「洛書」。

「河圖」「洛書」包括了八卦，天干地支以及陰陽。

河圖、洛書究竟是否確為馬及龜背的圖形，無從考據不得而知，但是這兩個圖包括了「數」，後來應用到天文地理，是在漢代以後才有的，從孔安國開始，盛於唐朝，恰如太極圖一樣。

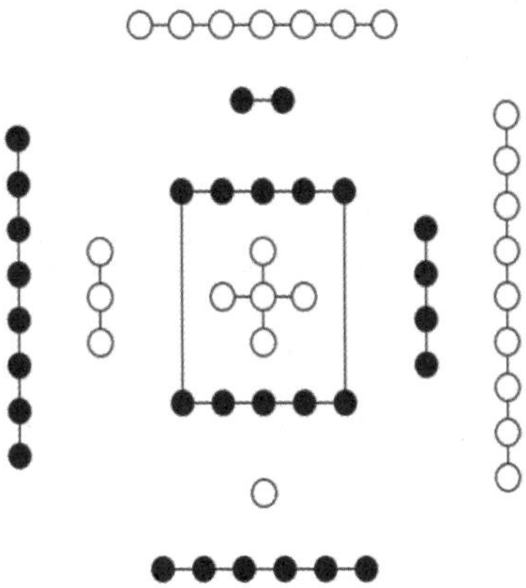

河圖

因此之故，有人認為河圖、洛書及太極圖，既是在唐代流行，證明是唐代的人，假託伏羲及黃帝的名義而作，至於黃河之馬，洛水之龜，不過是增加其神秘性而已。

事實上，河圖、洛書應用在醫理學上確實是很重要的。

河圖

天一生水　地六成之
地二生火　天七成之
天三生木　地八成之
地四生金　天九成之
天五生土　地十成之

再加上方位就是：

亥子一六水（北）　寅卯三八木（東）
巳午二七火（南）　申酉四九金（西）
辰戌丑未五十土（中央）

河圖是先天的代表，表示宇宙構成的成數和物質世界形成之順序。

天道左旋，這個宇宙構成是向左旋轉的。在物理世界中的太空就是天，代表了宇宙萬有的功能，這個萬有的功能，就是本體，有人稱之為道，有人稱之為上帝，有人稱之為如來。

一三五七九是單數，也稱為陽數。二四六八十是複數，也稱為陰數。

水的問題

「天一生水」，古代的文化，不論是希臘、印度、埃及以及中國，皆認為宇宙的開始是泥漿狀態，是亂七八糟的液水狀，經過慢慢長久的旋轉，才凝結起來，而分出海洋與陸地。

在宇宙功能第一開始之際，地水火風是不分的，所謂「天一生水」，既是宇宙最原始的功能，也就是生命的功能，在河圖上來看是壬水，是陽數（由小圈代表）。

在人體的系統上來說，我個人的觀念認為，水的系統就是腎及荷爾蒙分泌（並非血）系統。

「地六成之」是什麼呢？原來在地球物質構成後，太陽系之內有了月亮，是屬於陰水，圖中由六陰小黑點代表，是為陰數。所謂地六成之，也就是陰陽水火不分時的開始，像莊子所說的混沌初開，乾坤不變（未分）時期陰的代表。

火的問題

「地二生火」是什麼意義呢？我們在河圖上看到兩個黑點，是陰的代表，在形成物質世界後，太陽有熱力，是陽能，但兩物摩擦而生火卻是陰火，因為這個陰火的產生與太陽的動能有關，如果沒有宇宙間的功能，則二物摩擦不可能生火，故而稱為陰火，是屬於地火。

「天七成之」則是生命能的代表，配合了《易經》的道理。

在中醫醫理的說法，「地二生火」是心之火，能思想的心，用而久之則上火，是火的作用，類似發炎的作用。

木的問題

「天三生木」，自天一至天三，是後天生生不已的功能，木的生發的功能正代表了後天的生生不已。在河圖上，以陽數代表。

「地八成之」，有些說法認為所謂八者就是八卦。實際上，物質世界中的八大類，包括了天、地、日、月、風、火、山、澤，都發揮著物質世界的功能，而這種功能是陰數所代表。

金的問題

「地四生金」，是代表了物質世界形成後的情況，那時地球上有海洋與陸地，有樹木及高山，後來形成了礦物金屬。這些金屬礦物物質，都是後來所生，是用陰數來代表，在圖上則以黑點來代表。

「天九成之」，九是數中最高者，象徵著生發的本有功能最高之數，在河圖上以九陽的圈代表著。

土的問題

「天五生土，地十成之」，在這一句中顯示出五的重要性，也表現了五行的奇妙道理。

地球的構成有雙重的變化，在未構成物質世界前，宇宙間的運行為五行；在地球世界構成後，仍有五行的法則，這個五代表了有中和作用的土，是後天的形成，也包括了先天的功能。所以天五是陽數，地十是陰數。

河圖的五行

把河圖的數字分析一下，不難發現其特性，都是與五數有關。

「天一生水地六成之」，表示了六減一等於五。
「地二生火天七成之」，表示了七減二等於五。
「天三生木地八成之」，表示了八減三等於五。
「地四生金天九成之」，表示了九減四等於五。
「天五生土地十成之」，表示了十減五等於五。

這個數字的五，正表示了五行的意義。暫且推開河圖和醫理的觀念不談，亥子一六水，向左旋轉就到了木，由木再生火，而後生土生金，再生水，不也是五行相生嗎？

洛書

戴九履一　左三右七　二四為肩　六八為足　五則居中

一數坎兮二數坤
三震四巽數中分
五寄中宮六乾是
七兌八艮九離門

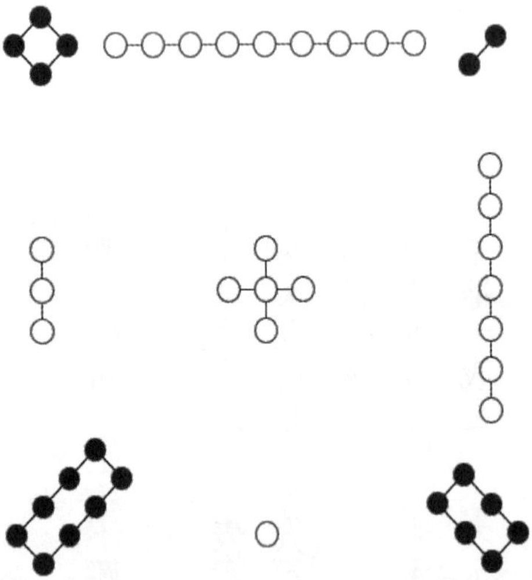

洛書

在洛書的圖中，最高的數是十，對面相合都成十數，稱為合十。這個洛書的圖案，是後天的代表，是人體氣化的代表，也就是後天八卦。

先天是一種宇宙的形成，後天是於宇宙形成後，一種自然尅制的功用。所謂的尅制，就是生長繼續不斷時而產生的抵消和抑制，譬如水尅火，金尅木等等，使物質世界中的萬物有了自然的均衡。

這種尅制的功能，應用在醫學治療針灸的方法上頗為重要，如果要增加某一部的功能，則須泄掉另一部份的力量，就是尅制的意義，以造成均衡和調和。

奇門遁甲

所謂奇門遁甲，就是由洛書的九宮八卦演變出來的一套方法。

古代的部隊作戰方法，是擺好奇門，敵方一旦進入奇門八卦之中，絕難逃出；但是會用奇門戰術者，如果被圍困時，定可找出突圍的地方。

奇門說八卦各有一個奇門，八門，是以天干地支計算出年月日時，再以八卦作方位的標準，可以知道哪一個門是奇門，因而突圍，這就是遁甲。

八卦的方位是固定的，但奇門是活的，其中的方法和應用頗為複雜，這裡所提到的只是一點簡單的原則。

顏色的問題

洛書的圖和數，同時又以顏色為代表，就是一白二黑三碧四綠五黃六白七赤八白九紫。

在這個洛書代表的龜背上，一白是尾，二黑是右肩，四綠是左肩。用顏色來表達究竟有多少道理，很難下斷語，最近看到一套醫書，將顏色的說法，套進醫的範圍之用，實在有欠科學，也可以說是大可不必的牽強附會。

肝病的解說

前幾講曾談到過五行八卦所代表的人體內臟，就是肝屬木是震卦，心屬火是離卦，肺屬金是兌卦，腎屬水是坎卦，胃屬土是中間等等。

用八卦來解釋醫理，必先背好六十四卦。拿震卦來說，震為雷，代表木，就是肝。有些醫書將震代表心，是思慮之心，像雷一樣震動的意思。

最內一爻變後，外卦震為雷，代表雷能，如果內卦為坤，代表了地，屬陰，卦為雷地豫，表示一個人雖有生生之氣，但心臟在發炎。

震為肝，變化出來的病有十四種，每一機能稍不協調，就足以致死，這是六十四卦的變化。

二爻變，成為雷水解，表示腎水功能是生命能的恢復，這個病也就快好了。雷後下雨，肝的功能及氣化，遇坎作巽，就是功能的恢復。

凡重病將癒時，性慾有衝動的現象，表示生命能在恢復了，把握住這一點生命能不可浪費，身體就會很快復元。

當人在臨命終時，也有衝動的現象，是生命能的迴光返照。

卦的三爻又變，成為雷風恆，三陽在其中矣，表示一個人體內陽能充沛健康，風是氣，陰上而陽下，係健康之相。

第十四講

談到中國的文化，不免就要扯到哲學的問題上，中醫的醫學，其哲學的基礎實在是有問題的。這句話的意思並非是說中醫無用，中醫的價值是無可否認的，但卻缺乏哲學的基礎。換言之，形而下的實用，與形而上的基礎之間，沒有連貫起來，而呈現出一段距離。關於這方面，西方的醫學也有同樣的缺陷。

小偷的故事

談到哲學基礎與實際的應用，使我想到了一個禪宗公案的笑話，是小偷的故事：

有一個技術高明的小偷，年紀漸大，他的兒子要求他趕快傳授偷盜術，他就在夜裡帶領兒子到一戶人家中去表演。潛入屋內，打開了大櫃子，他命兒子進入櫃中拿東西。豈知當他兒子進櫃後，他就把櫃子關上並且上鎖，然後又大叫：有賊啦！喊了之後他自己就跑回家睡覺了。

這時他的兒子被關在櫃中，急得要死，這一家中的人聽見有賊，就拿了燈來巡視，卻不見賊影。那兒子在櫃中急中生智就學老鼠叫，丫頭聽見櫃中有老鼠，就打開櫃門，這時兒子就出來一口吹熄了燈，奪門而逃。

待他逃回家中，就埋怨老頭為何把他反鎖在櫃中，老頭說：你不是要學偷嗎？現在你已經學會了。

這是禪宗公案有名的笑話，由這則笑話看來，學理是一樁事，實用是一樁事，能夠聯繫起來才是醫學重要的工作。

目前的社會，殺人方法的進步，遠超過救人的方法。所以說，如能解決了哲學的問題，對醫學方面的進步貢獻很大，對救人的貢獻也很大，能貫通中西醫學，對人類的貢獻尤其大。

心和宇宙的生命

談到心的問題，就會涉及到老莊思想中的心，道家的《參同契》等，都涉及到醫學哲學的範圍。到了唐宋時代，加上印度佛學傳入後的融滙，也有心的議論。但是印度佛學傳入中國後，在印度的本土已漸無佛學可言，而所謂印度的佛學，自從進入中國，與儒學、道學滙流，實際上已成為一種新的學問，變為中國的文化，這是題外之話。

佛學的唯識學中，與醫學有關的理論，認為心的作用是能分別思維的，認為三界唯心萬法唯識，這是絕對的唯心主義。

所謂的三界，就是欲界，色界及無色界，也就是宇宙生命的大分類。

所謂三界唯心，意思是指精神的變化就是心。再從心開始分類，共為八識。

眼角膜移植和心

八識之中的最前面五識，就是眼、耳、鼻、舌、身，其中的神經系統，皆具備識的作用。

眼睛有眼識的作用，也就是說有看的功能，但是看到一樣東西之後，要藉後面的分別心起作用，才能知道看見的是什麼。

比如說，我們正在與一個人談話，在我們的旁邊有人經過，我們看到了，那是眼識的作用，但是我們並不知道是誰，必須由我們的內心分別意識再工作一下，才能知道看見的是什麼人。相信大家都有這個經驗。

這個分別心是屬於第六意識。

在人剛死去之時，內心的分別意識已經沒有了，可是那時的眼識功能尚未死去，故而可以移植於他人的身體，配合了那個人的分別心第六意識，就又可以繼續工作了。

眼識本身看的功能是隨時存在著的，開眼時可以看，閉眼時同樣可以看。

開眼時看到物相，閉眼時看到黑暗。

在生死的一剎那，好像電扇關了，電流已斷，但電扇仍藉著一點餘力在轉動，這繼續轉動的力量，就像前五識的作用一樣。

第六意識

人的前五識包括了醫學全部的功能，前五識與外界接觸表現了它的作用後，再由第六識產生分別意識。

西洋醫學的意識，即是唯識學中的第六意識。

西藏的神秘學分為兩派，一派的說法認為意識是中樞腦神經作用，一派的說法認為只是間腦的作用。

但在醫學生理治療方面來說，意識與病理及治療，卻有極為密切的關係。

第六意識中的分別識，是唐代的譯法，又有一種譯法稱為明了意識。

不要認為明了意識是很清明瞭解的意思，唯識學中認為，第六意識就是人類的妄想。

第六意識有時表現出明了意識的作用，有時表現出昏沉的狀態（像熟睡無夢的時候），有時是以獨影意識的姿態出現的。

奇特的獨影

什麼叫作獨影意識？簡單說來，就是在前五識不起作用時，第六意識所起的一種類似幻想幻覺的意識。這種獨影意識，在三種情況下才會起作用，當獨影意識起作用時，明了意識就不起作用。

第一是在疲勞時，人有點發愣的狀況下，會有一種幻影幻想的情況，那就是獨影意識的作用。

第二是在睡夢之中，又看又聽又吃又聞又有感覺，實際上前五識（眼耳鼻舌身）並未行使功能，所以只是幻覺的獨影意識。

第三是打坐的人，在明了意識靜止，不再起作用時，獨影意識反而會起作用，這些人在打坐時，閉著眼會看見耶穌或觀世音，甚至聽見有人呼叫的聲音，俗話就稱為是走火入魔的境界，說穿了不過是獨影意識在起作用而已。

唯識學的觀點，認為嬰兒是無獨影意識的（作用），事實上也可以說，這些嬰兒也沒有分別明了意識作用，因為給他香的臭的都一樣接受，沒有分別之心，直到嬰兒的頭頂上軟的地方長好了，就開始說話，也有了分別意識及獨影意識。

夢和精神病

一個人做夢時，絕不會夢見自己沒有見過的事和物，他所夢到的即使不是見過的，至少也是聽見過的，所以中國人夢中的地獄可能是閻羅王，而西方人夢中的地獄就是另外的境界了。

由於夢境的情形，更證明了夢就是獨影意識的作用，是第六意識潛伏的作用活動起來所造成的。

當然，夢境偶爾也有連續的，偶爾也有夢見未來的事，所以按照病理學的說法，夢常是病的先聲顯現。

在唯識的理論中，無人無一日不做夢，只是夢一醒來馬上就忘記罷了，天下只有兩種人是真正無夢的，一種是上智得道的人，他們的意識隨時保持清明的境界，獨影意識不再會起作用了，所以無夢；另一種人是下愚之人，他們的意識本來是昏沉狀態，獨影意識和明了意識都不起作用，所以無夢也無醒，永遠是糊里糊塗的。

如果一個人獨影意識在他睡覺時起作用，那只是夢境而已，如果連他醒時也起作用，那時他似乎在白日夢中，常有幻覺，覺得有人要謀害自己，以及一切奇怪的事情，就是精神病的狀態了，其實就是獨影意識的作用。如果精神病好了，獨影意識也就不起作用了，或者可以說，當獨影意識不在睡醒時起作用，這個人的精神病就好了。

第六意識的形成

一個嬰兒的個性、高矮、黑白、強弱等等，一般的說法認為是遺傳，但在唯識學的論點上，這些都是其本身原來具有的，好像一顆種子一樣。不過第六意識的形成，是有其本身因緣的，而遺傳只是因緣中的一緣，俗稱為增上緣，就像是施於種子的肥料，並非種子的本身，而形成第六意識的因緣，卻像植物的種子，而非肥料。

一個人後天的教育，家庭環境等等，也是增上緣，屬於肥料之類。

當一個人的意識十分堅固時，可以達到克服生理的程度，道家及神秘學派的修持原理，就是建築在這個心能轉物的原理上。

不要以為第六意識有多麼的偉大，它並非是決定性的，因為第六意識的後頭，還有一個根呢。

第七識

說到意識尚不難使我們瞭解，現在說到意識還有一個根，實在有點令人難解了。唐代把意根翻譯為第七識，譯音就是末那識。

這個所謂意根的第七識，究竟是個什麼？實在不容易解釋明白。如果勉強說出它的意義，只能稱其為生命的功能。這個生命的功能，並非是純物質的功能，而是包括心物二者的功能。

這個第七識是俱生我執，是與生命俱來的，也就是說，當一個胎兒形成的一剎那，已經具備了第七識。

胎兒一開始形成，他就永遠有一個「我」的存在意識，這就是所謂七識的我執，直到活到老糊塗都有，在我們這個老糊塗的明了意識已經不太明了的時候，但他的意根仍很強，我執的觀念更重。

人到老的時候的「我」與早歲時的「我」並沒有什麼不同，但是在第六意識方面卻變得很多了，成為頗為不同的觀念，什麼代溝啦，頑固啦都是意識所造成的。老年人多的是回憶和對從前的幻想，這就是我執。

人老在臨終時，前五識及六識統統丟棄了，而這個我執的七識，卻造成另外心理和生理。

照這樣來說，七識是一切的根本嗎？

不是的，前五識好像是樹的枝葉，在行使著自然界的光合作用，呼吸作用，而六識是樹幹的中心，七識則是樹幹。統而言之，它們都是一種功能，而真正地下的根卻是第八識。

八識樹根

從樹葉說起，到樹枝樹幹，終於找到了這個生命的根本，八識。

八識又稱為阿賴耶識，是整個的宇宙，包括了物質及精神世界的整個作用。

這裡所說的宇宙，並不是指天空而言。

宇宙間的萬有萬物，及種種變化，根本上都是八識的變化，宇宙間的萬物是一體的，由於八識的變化而形成了不同。

前七識形成的現有生命，加上生命中一切情感、思想、習慣、刺激、觀念等等，不斷的熏蒸著八識，成為未來不同的種性。現在的行為是未來的種子，又成為未來的現行及行為思想等，這是八識帶來的秉賦，造成每人心理與生理的不同。

在解剖學上來看，不可能發現八識，但八識卻是每個人不同的根本。如果將五行及醫理的研究配合上八識，可能構成一套真正的醫學哲學的理論。這套理論，連貫了形而下與形而上，再滙合了中西的醫藥技術，必會為醫學界開創新天地。

結論

關於醫藥的應用，諸位都是專家，我所提供出來的一些意見，只是屬於思想方面的問題，因為時間的匆促，也只能作一個簡單的介紹。關於其他的資料很多，俟整理出來再寄給各位，如有任何問題，請隨時提出研究，我能夠回答的，一定知無不言，言無不盡。

南懷瑾文化出版相關著作

2014年出版

南師所講呼吸法門精要
劉雨虹／彙編

孟子與盡心篇
南懷瑾／講述

東拉西扯——說老人，說老師，說老話
劉雨虹／著

雲深不知處：南懷瑾先生辭世週年紀念
劉雨虹／編

2015年出版

禪海蠡測
南懷瑾／著

禪海蠡測語譯
南懷瑾／原著，劉雨虹／語譯

孟子與滕文公、告子
南懷瑾／講述

太極拳與靜坐
南懷瑾／講述

點燈的人：南懷瑾先生紀念集
東方出版社編輯群／編

金粟軒紀年詩
南懷瑾／原著，林曦／注釋

2017年出版

漫談中國文化：企管、國學、金融
南懷瑾／講述

跟著南師打禪七：一九七二年打七報告
劉雨虹／編

瑜伽師地論 聲聞地講錄（上下）
南懷瑾／講述

靜坐修道與長生不老
南懷瑾／著

圓覺經略說
南懷瑾／講述

答問青壯年參禪者
南懷瑾／講述

說不盡的南懷瑾
查旭東／著

說南道北：說老人 說老師 說老話
劉雨虹／著

南懷瑾與楊管北
劉雨虹／編

禪、風水及其他
劉雨虹／著

2016年出版

話說中庸
南懷瑾／著

孟子與萬章
南懷瑾／講述

孟子與離婁
南懷瑾／講述

孟子與公孫丑
南懷瑾／講述

對日抗戰的點點滴滴
南懷瑾／口述

孟子旁通
南懷瑾／講述

大圓滿禪定休息簡說
南懷瑾／講述

我說參同契（上中下）
南懷瑾／講述

人生的起點和終站
南懷瑾／講述

孔子和他的弟子們
南懷瑾／著述

2018年出版

如何修證佛法（上下）
南懷瑾／講述

藥師經的濟世觀
南懷瑾／講述

懷師之師：袁公煥仙先生誕辰百卅週年紀念
劉雨虹／編輯

我的故事我的詩
南懷瑾／講述

洞山指月
南懷瑾／講述

百年南師——紀念南懷瑾先生百年誕辰
劉雨虹／編

新舊教育的變與惑
南懷瑾／著

禪與生命的認知初講
南懷瑾／講述

易經繫傳別講（上下）
南懷瑾／講述

道家密宗與東方神祕學
南懷瑾／著

2019年出版

中醫醫理與道家易經
南懷瑾／講述

花雨滿天維摩說法（上下）
南懷瑾／講述

金剛經說甚麼（上下）
南懷瑾／講述

懷師的四十三封信
劉雨虹／編

2020年出版

禪宗新語
南懷瑾／著

楞嚴大義今釋
南懷瑾／著

懷師的四十八本書
劉雨虹／著

皇極經世書今說——觀物篇補結
閆修篆／輯說

談天說地：說老人、說老師、說老話
劉雨虹／著

2021年出版

照人依舊披肝膽 入世翻愁損羽毛——劉雨虹訪談錄
岱峻／編著

傳統身心性命之學的探討
南懷瑾／講述

一個學佛者的基本信念
南懷瑾／講述

歷史的經驗
南懷瑾／講述

南懷瑾與彼得·聖吉
南懷瑾／講述

禪觀正脈研究
南懷瑾／講述

2022年出版

The Diamond Sutra Explained
南懷瑾／講述，紀雅雲／翻譯

2023年出版

南師的背影
查旭東／著

中醫醫理與道家易經

建議售價・250元

講　　述・南懷瑾
出版發行・南懷瑾文化事業有限公司
網址：www.nhjce.com
代理經銷・白象文化事業有限公司
412台中市大里區科技路1號8樓之2（台中軟體園區）
出版專線：（04）2496-5995　　傳真：（04）2496-9901
401台中市東區和平街228巷44號（經銷部）
購書專線：（04）2220-8589　　傳真：（04）2220-8505
印　　刷・基盛印刷工場
版　　次・2018年12月初版一刷
2019年2月二版一刷
2019年6月三版一刷
2020年1月三版二刷
2020年8月四版一刷
2021年3月四版二刷
2022年3月四版三刷
2023年10月五版一刷

設計編印
白象文化
www.ElephantWhite.com.tw
press.store@msa.hinet.net
總監：張輝潭　專案主編：陳逸儒

國家圖書館出版品預行編目資料

中醫醫理與道家易經／南懷瑾 講述．--初版.--臺北市：南懷瑾文化，2018.12
面：　公分.
ISBN 978-986-96137-3-6（平裝）
1.易經　2.研究考訂　3.中醫理論
121.17　　107019340